Mise en pages : **ASSIMIL** France

© Assimil 2011

ISBN 978-2-7005-0524-5
ISSN 2109-6643

Cet ouvrage est basé sur la collection **Wort für Wort** des éditions Reise Know-How Verlag Peter Rump GmbH, Bielefeld.
Copyright Peter Rump.

Le Basque de poche

Jean-Charles Beaumont
et Ramon Lazkano

Illustrations de J.-L. Goussé

B.P. 25
94431 Chennevières sur Marne cedex
FRANCE

La Collection
Langues de poche

Afrikaans – Albanais – Allemand – Alsacien – Anglais – Anglais pour globe-trotters – Anglais australien – Arabe algérien – Arabe égyptien – Arabe libanais – Arabe littéraire – Arabe marocain – Arabe tunisien – Arabe des pays du Golfe – Arménien – Auvergnat – Basque – Brésilien – Breton – Bruxellois – Bulgare – Calédonien – Catalan – Chinois – Chtimi – Coréen – Corse – Créole capverdien – Créole guadeloupéen – Créole guyanais – Créole haïtien – Créole martiniquais – Créole mauricien – Créole réunionnais – Croate – Danois – Espagnol – Espagnol d'Argentine – Espagnol de Cuba – Espagnol de République dominicaine – Espagnol du Mexique – Espéranto – Estonien – Finnois – Flamand – Francoprovençal – Gallois – Gascon – Géorgien – Grec – Hébreu – Hiéroglyphe – **Hindi*** – Hongrois – Indonésien – Irlandais – Islandais – Italien – Italien pour fans d'opéra – Japonais – Kabyle – Lao – Languedocien – Letton – Lingala – Lituanien – **Luxembourgeois*** – Lyonnais – Malgache – Maltais – Maori – Marseillais – Néerlandais – Norvégien – Ourdou – Picard – Platt lorrain – Polonais – Portugais – Provençal – Québécois – Roumain – Rromani – Russe – Serbe – Slovaque – Slovène – Suédois – Suisse alémanique – Tagalog – Tahitien – Tamoul – Tchèque – Thaï – **Tibétain*** – Turc – Vietnamien – Wallon – Wolof – Zoulou

Français à l'usage des étrangers

- anglophones
- germanophones
- hispanophones
- Hongrois
- Italiens
- Japonais
- lusophones
- néerlandophones
- Polonais
- russophones
- Turcs

Sans interdits (Argot)

- Américain
- Anglais
- Bruxellois
- Espagnol
- Flamand
- Argot français pour néerlandophones
- Wallon

* En cours de réalisation, à paraître prochainement.

Assimil,
une recette différente

Vos ingrédients :

- un condensé de grammaire ;
- une bonne dose de conversation, à base d'éléments nutritifs et variés ;
- un saupoudrage savamment dosé de conseils d'amis et de tuyaux sur les coutumes locales ;
- une bibliographie légère ;
- en dessert, un double lexique ;
- pour pimenter un peu le menu, un zeste d'humour avec nos illustrations souriantes ;
- et, en prime, six rabats ingénieux pour vous mettre en appétit.

Il ne vous reste plus qu'à mettre les pieds sous la table pour déguster ce repas équilibré au gré de votre appétit, et en tirer tous les bienfaits : confiance, joie de communiquer et de devenir un peu plus qu'un simple touriste.

Ce manuel ne prétend pas remplacer un cours de langue, mais si vous investissez un peu de temps dans sa lecture et apprenez quelques phrases, vous pourrez très vite communiquer. Tout sera alors différent, vous vivrez une expérience nouvelle.

Un conseil : ne cherchez pas la perfection ! Vos interlocuteurs vous pardonneront volontiers les petites fautes que vous pourriez commettre au début. **Le plus important, c'est d'abandonner vos complexes et d'oser parler.**

SOMMAIRE

AVANT-PROPOS

Le Pays basque et l'euskara 1
Le Basque de poche, mode d'emploi 2
Les Basques et leur langue 4
Prononciation et intonation 6
    Quelques règles d'accentuation 7
    Les voyelles 7
    Les consonnes 8

GRAMMAIRE

Les diverses formes des mots et leur ordre dans la phrase . . 12
    Genre et nombre 12
    La déclinaison 13
    Tableau général partiel de la déclinaison basque 18
    Les postpositions 19
Quelques éléments de syntaxe et de morphologie . . . 20
    L'ordre des mots 20
    La mise en relief 21
    La négation et le partitif 22
Les pronoms personnels 23
La phrase interrogative 25
    Quelques pronoms interrogatifs 25
Les possessifs 27
Les démonstratifs 29
Le comparatif et le superlatif 30

Comparatif de supériorité	30
Comparatif d'égalité	30
Le superlatif	31
Les couleurs	31
Le verbe	32
La conjugaison synthétique ou forte	33
La conjugaison périphrastique ou composée	37
Quelques temps verbaux	38
La nominalisation et l'expression du but verbal	41
Les propositions relatives	42
Les propositions complétives	44

CONVERSATION

Politesse, s'adresser à quelqu'un, saluer	46
Se saluer	47
Les mots de la politesse	49
Prendre congé	49
Faire connaissance	50
Une petite conversation	50
Se présenter	53
Parler de son âge	53
Façons de parler	55
S'excuser	55
Raconter	56
Exprimer son opinion	56
Approuver, accepter une proposition	57
Refuser, exprimer son désaccord	58
Convaincre	59
Se réjouir	59
Inviter quelqu'un, proposer quelque chose	60
Exprimer l'indifférence / le doute	61
Regretter, décliner une proposition	62
Se fâcher	62
Souhaiter, désirer	63

- Exprimer sa surprise ... 64
- Se sentir mal ... 64
- S'ennuyer ... 65
- Exprimer une déception ... 66
- Avoir peur ... 66
- Compatir, consoler ... 67
- Juger, apprécier ... 68
- Quelques expressions et mots grossiers ... 70
- Une conversation sur les vacances ... 71
- Le temps ... 73
  - Le temps qui passe ... 73
  - Le temps qu'il fait ... 75
- Se déplacer au Pays basque ... 76
  - Les transports publics ... 76
  - En voiture ... 83
- Pays, villes et villages ... 87
  - En ville, en balade ... 89
  - Sur la plage ... 92
  - À la campagne, en montagne ... 93
- Sports et loisirs ... 94
- La culture ... 97
- L'hébergement ... 101
- Manger et boire ... 104
  - La gastronomie basque ... 104
  - Une recette traditionnelle ... 104
  - Au restaurant ... 107
  - Petit lexique culinaire ... 110
  - Le vignoble basque ... 112
- Être invité ... 114
- La famille ... 116
- L'amour ... 118
  - En boîte ... 119
- Shopping, faire ses courses ... 121
  - Une conversation chez le marchand ... 124
- La police ... 126
- À la poste ... 127

À la banque...128
Les nouvelles technologies 129
Prendre des photos..133
Être malade 136
    Le corps..138
    Les maux et maladies 139
    Les remèdes et traitements 140
    Chez le dentiste..141
    Chez l'ophtalmologue et l'opticien 142
Les toilettes 142

Bibliographie 144

LEXIQUES

Basque – Français...151
Français – Basque...164

AVANT-PROPOS

LE PAYS BASQUE ET L'EUSKARA

Une variété de paysages inégalée sur un si petit territoire, de majestueuses montagnes, de verdoyantes vallées, une côte escarpée, des plages qui s'étendent à perte de vue ou des plages repliées sur elles-mêmes au sein de baies ouvertes sur l'océan, des villages blancs, verts et rouges, des stations balnéaires célèbres dans le monde entier, des villes bourgeoises et élégantes ou des cités post-industrielles, des petits musées traditionnels ou encore le sublime musée Guggenheim de Bilbao... Le Pays basque, c'est certes ce défilé continuel de merveilles naturelles et humaines, mais c'est surtout un peuple fier qui a su conserver ce qui constitue l'essence même de son identité : sa langue, l'**Euskara**. Si vous allez au Pays basque, côté espagnol ou côté français, vous ne manquerez pas d'entendre cette langue extraordinaire, certainement l'une des premières parlées sur notre continent. Côté espagnol, où le basque possède le même statut officiel que le castillan, vous le verrez même écrit partout. Côté français, de plus en plus d'indications sont bilingues. En tout état de cause, les Basques s'appellent eux-mêmes **Euskaldunak**, c'est-à-dire ceux qui parlent le basque. Libre à vous donc de devenir **Euskaldun** ! Quelques mots, quelques phrases, un sourire et vous voilà prêt à pénétrer au plus profond de ce qui constitue la véritable originalité des Basques. En retour, vous recevrez un accueil touchant.

Bien sûr, la langue est déroutante, nous ne vous le cacherons pas. Mais il ne s'agit pas ici de devenir **bertsolari** (poètes et rimeurs basques) ; simplement, grâce à ce guide, d'être en mesure de dire quelques mots dans toutes les situations de communication que vous rencontrerez. Un tout petit effort, et vous pourrez entreprendre la découverte du Pays basque et de ses habitants !

LE BASQUE DE POCHE, MODE D'EMPLOI

Vous avez entre les mains un guide de conversation. Cela signifie que, où que vous l'ouvriez, vous y trouverez des phrases toutes faites avec une traduction en français courant, ainsi que du vocabulaire usuel, qui vous permettront de participer à une conversation ou de demander des renseignements précis.

La langue basque a une structure bien particulière, différente du français. Voilà pourquoi, pour faciliter votre apprentissage et vous encourager à communiquer via vos propres phrases, nous vous proposons, en plus d'une transcription phonétique "à la française", une traduction mot à mot en petits caractères, dans laquelle chaque mot basque est traduit par un mot français. Si un mot basque correspond à deux ou plusieurs mots en français, ceux-ci sont reliés par un tiret dans la traduction mot à mot. Si une phrase comporte des mots interchangeables, nous les signalons par une barre oblique. Chaque exemple de phrase en basque se présentera donc ainsi :

1re ligne : **phrase en basque**
2e ligne : *transcription phonétique*
3e ligne : traduction mot à mot
4e ligne : traduction française courante

La partie **Avant-propos** comporte l'explication de la transcription phonétique adoptée dans ce livre. Il est important de la lire attentivement pour savoir comment prononcer le basque car certains sons sont différents du français.

• La grammaire

Dans les premiers chapitres, vous ferez connaissance, succinctement, avec la langue basque, et vous vous constituerez une petite banque de données de base : mots importants, expressions vitales, etc.
Rassurez-vous, nous ne vous mettrons pas nez à nez avec tous les détails de la redoutable grammaire basque ; il est hors de question de vous donner un cours de grammaire ; ce n'est pas le but de cet ouvrage. Simplement, nous tâcherons de vous distiller quelques éléments linguistiques ayant trait à la vie basque de tous les jours et à la culture basque. N'hésitez pas à employer ces phrases toutes faites ; bien sûr, vous ne saurez pas parler basque mais vos interlocuteurs pourront toujours vous répondre en français ou en espagnol. Bien entendu, à considérer la langue comme une simple nomenclature, vous commettrez des erreurs. Cela n'a aucune importance. Faites de votre mieux, les Basques apprécieront énormément vos tentatives de communiquer avec eux dans leur propre langue.

• La conversation

Les chapitres suivants vous donneront des éléments de conversation. Par regroupement thématique, nous explorerons les différentes situations de communication auxquelles vous pourriez être confronté. Dans tous ces chapitres, vous trouverez anecdotes et renseignements concernant la culture basque, les coutumes, les habitudes au quotidien, quelques commentaires de civilisation ainsi que quelques conseils touristiques offerts au voyageur.

- **Les lexiques**

En fin d'ouvrage, un double lexique basque – français et français – basque de quelque 1 000 mots chacun vous permettra de faire face à la plupart des situations de la vie quotidienne.

- **Les nombres**

Afin de pouvoir rapidement visualiser le système des nombres en basque, vous les trouverez écrits en toutes lettres au bas de chaque page de ce guide.

- **Les rabats**

Grâce aux rabats de votre guide, vous serez à même d'avoir un accès rapide et fonctionnel aux phrases et aux mots les plus courants et les plus pratiques. Vous y trouverez également l'alphabet basque, quelques rappels concernant la prononciation, les chiffres, des amorces de questions essentielles et des petits mots pour vous situer dans l'espace et dans le temps.

LES BASQUES ET LEUR LANGUE

Difficile de parler du peuple basque sans évoquer, fût-ce brièvement, le mystère de son origine. Les Basques parlent une langue non indo-européenne, plus ancienne que la vaste majorité des langues parlées sur le continent européen. De là à leur prêter les origines les plus fantastiques, il n'y a qu'un pas que seule la rigueur scientifique nous empêche de franchir. En réalité, nous ignorons tout de ces origines et les débats se perdent en spéculations diverses : descendraient-ils directement de l'homme de Cro-magnon et seraient-ils cousins de ces artistes préhistoriques qui nous ont laissé tant d'œuvres dans les nombreuses grottes et cavernes qui émaillent la région ? Seraient-ils liés d'une manière ou d'une autre aux mystérieux Ibères ? aux Celtes ? aux Berbères d'Afrique du Nord ? Et pourquoi pas, si on a l'imagination fertile, aux mythiques Atlantes, et par extension aux Mayas et aux Aztèques ?

Sérieusement, aucune trace matérielle ne nous permet dans l'état actuel de la science de répondre à cette question de l'origine des Basques, pas plus d'ailleurs que nous ne pouvons saisir l'origine de leur langue (les premières traces écrites sur des stèles latines ne nous renseignent pas sur la structure de la langue telle qu'elle était parlée à l'époque ; des écrivains antiques, tel Strabon, font brièvement mention d'une langue qui serait du basque). Et de fait, les linguistes ne sont jamais parvenus à trouver des liens satisfaisants avec d'autres langues européennes. Aujourd'hui, on classe le basque parmi les langues "isolées". Parlé par environ 23 % d'une population globale de près de 3 millions d'habitants, (ce chiffre serait augmenté aujourd'hui et selon l'Encyclopaedia Britannica, il y aurait 1 200 000 locuteurs bascophones de par le monde), le basque se situe, en nombre de locuteurs, à côté de langues telles que l'estonien, l'irlandais ou l'islandais.

Le basque est langue officielle, au même titre que le castillan, en Espagne (dans la Communauté Autonome du Pays basque et dans la Communauté Forale de Navarre). Ainsi le rencontrerez-vous partout dans ces régions, aussi bien dans la rue que dans les médias. En France, en revanche, la basque ne jouit toujours pas du moindre statut officiel, bien qu'il soit proportionnellement parlé par une plus grande frange de la population que du côté espagnol.

Les Basques se partagent un petit territoire dans le sud-ouest de la France et au nord-ouest de l'Espagne. Séparés malgré eux en deux nations, ils ont un fort sentiment d'appartenance à une même culture dont la langue est le ciment unificateur. On les dit parfois froids et renfermés, un peu têtus et peu enclins à la conversation. Ce sont des préjugés qui s'avèrent peu fondés. Les Basques sont des gens réservés, mais il suffit de se lier d'amitié avec eux pour se rendre compte à quel point les relations humaines qu'ils entretiennent avec les autres sont fortes, chaleureuses et généreuses : un ami basque est un ami pour la vie et sa maison vous sera toujours ouverte. Évidemment, l'histoire douloureuse du peuple basque a pu les rendre soupçonneux et méfiants. Il suffit de songer aux exactions que les Basques espagnols durent subir sous le régime de Franco (rappelez-vous le bombardement de la ville de Guernica par les Allemands et le poignant tableau qu'en fit Picasso).

Cependant, beaucoup d'ouverture d'esprit de votre part et surtout, une connaissance de leur réalité culturelle et linguistique (grâce notamment à ce petit livre) sont des clefs essentielles qui vous ouvriront toutes les portes. Ne vous aventurez pas dans des discussions à caractère politique dont de toute manière, à moins d'être un spécialiste en histoire basque contemporaine, vous ne maîtriserez pas les enjeux (cela vaut surtout pour le Pays basque Sud, côté espagnol). Les Basques sont des êtres rares et partir à la découverte de leur culture, c'est non seulement vous enrichir d'une nouvelle réalité jusqu'alors insoupçonnée, mais aussi contribuer à l'enrichissement de la France et de l'Espagne, en tant que nations composées d'une mosaïque de communautés dont chacune apporte sa touche de couleur à l'ensemble.

PRONONCIATION ET INTONATION

Vous n'aurez aucune difficulté à prononcer le basque. En effet, à part quelques consonnes différentes du français, les règles de la prononciation sont assez simples et l'intonation de la langue ressemble étrangement à celle du français. L'orthographe est quasiment phonétique et reflète très bien la prononciation (cependant, pour vous aider, chacune des phrases de ce petit manuel sera transcrite phonétiquement ; il vous suffit de lire la transcription comme s'il s'agissait du français). Quelles en sont les particularités ?

Tout d'abord, <u>chaque lettre se prononce distinctement</u>. Ainsi, dans la graphie **on**, on prononce clairement le **o** suivi du **n**. Il n'y a pas de nasalisation. Ou bien dans la graphie **au**, on prononce une diphtongue, le **a** d'abord, puis dans une seule émission de voix, le **u** (toujours prononcé *ou*), soit *aou*.

Vient ensuite le rythme de la langue. Comme en français, l'accent tonique du basque est une intonation de phrase. Cela lui confère un caractère monocorde assez typique et assez proche du français et présente donc peu de difficulté pour vous !

Quelques règles d'accentuation

De manière générale, l'accent tonique porte sur la seconde syllabe du mot.

• Les mots de deux syllabes prennent l'accent sur la dernière : A**B**. Exemple : la**gun**, *ami*.

• Les mots de trois syllabes prennent également l'accent sur la seconde, mais la dernière syllabe se trouve aussi légèrement accentuée : A**B**c. Exemple : la**gu**nak, *les amis*.

• Les mots de quatre ou de cinq syllabes prennent toujours l'accent secondaire sur la dernière ; c'est la deuxième syllabe qui porte l'accent principal : A**B**cd ou A**B**CD**e**.
Exemple : i**ka**sleak, *les étudiants*.

Les voyelles

Il n'y en a que cinq (comme en français) :

Lettre	Transc. phon.	Explication	Exemple
a	a	comme en français	**mahats** *maatSH* raisin
e	é/è	toujours é ou è, jamais muet	**esne** *éSHné* lait, **berri** *bèrri* nouveau

zazpi

i	*i*	comme en français	**bizi** *bissi* vivre
o	*o*	comme en français	**otso** *otSHo* loup
u	*ou/w*	toujours *ou* ; accompagné d'une voyelle, il est transcrit *w*	**lur** *lourr* terre

Les consonnes

Dans le tableau suivant, nous vous donnons les consonnes dont la prononciation diffère de celle du français.

g	*g/gu*	est toujours dur comme dans *bague* jamais comme *j*	**gatz** *gats* sel, **gero** *guéro* après
h		est muet[1]	**huts** *outSH/houtSH* vide
j	*y*	comme dans *yoyo* ou *bille*[2]	**jakin** *yaki'n* savoir
r	*r*	il est le plus souvent roulé (comme en Bourgogne), mais peut être grasseyé (comme en "français parisien").	**hori** *ori* jaune **horri** *orri* page

Attention à bien différencier le **r** simple (doux) du **rr** double (le prononcer plus fortement et longuement).

s	*SH*	comme le *s* espagnol mais légèrement chuintant.	**uso** *ouSHo* pigeon
ts	*tSH*	c'est la combinaison de **t** et du **s** transcrit *SH*. La partie avant de la langue touche la partie avant du palais.	**etsipen** *étSHipén* tristesse
tt	*t^y*	un *t* mouillé palatal, que l'on prononce suivi d'un *ye* à peine audible[3]	**Antton** *a'nt^yo'n* Antoine

8   zortzi

tx	*tch*	ce son correspond au *tch* français dans *atchoum* !	**etxe** *étché* maison
tz	*ts*	ce son correspond au *ts* français dans la mouche *tsé-tsé*	**atzo** *atso* hier
x	*ch*	comme dans *château*	**ixo** *icho* taisez-vous
z	*ss*	comme dans *poisson*, jamais comme dans "poison"	**hezi** *éssi* élever

[1] On le conserve parce que dans les dialectes du nord (côté français), il est aspiré (comme le *h* anglais ou allemand). Faites votre choix, mais rappelez-vous que la majorité des locuteurs ne le prononce pas.

[2] Remarquez cependant que dans certaines parties des provinces basques espagnoles, on le prononce comme la jota espagnole dans *Juan* ou si vous préférez, comme le *ch* dur allemand de *Bach*, ou encore un peu comme un *r* français prononcé au fond de la gorge. Les deux prononciations sont également acceptées en basque unifié. De nouveau, faites comme bon vous semblera.

[3] On trouve ce son dans certains diminutifs.

Remarques :

- Les deux consonnes **n** et **l** se prononcent comme en français. Dans certains dialectes, lorsque ces consonnes sont précédées de la voyelle **i**, elles se palatalisent. Ainsi, **in** se prononce *gn* comme dans *agneau*, et **il** se prononce comme le "gli" italien dans "figlia" ou comme le "ll" espagnol de "me **ll**amo". Ainsi, un mot basque comme **baina**, *mais* peut se prononcer soit *bai'na*, soit *bagna* ; et **oiloa**, *poule* peut se prononcer soit *oi'loa*, soit *olloa*.
Dans tous les cas, notez qu'il n'y a pas de nasalisation en basque et qu'une voyelle suivie d'un **n** se prononce distinctement ; ainsi **an** se prononcera **a + n** et nous le transcrirons *a'n*.

bederatzi

- Enfin, dans la plupart des régions, les consonnes **s** et **ts**, lorsqu'elles sont précédées de la voyelle **i** se palatalisent également et se prononcent respectivement comme **ix** *ich* et **itx** *itch* (**isuri** *ichouri, jaillir* - **itsaso** *itchaSHo, mer*).

ଔଔଌଔ

GRAMMAIRE

N'avez-vous jamais entendu dire que le basque était une langue épouvantablement difficile ? Que sa grammaire était si compliquée qu'il faudrait des siècles pour en maîtriser tous les aspects ? Si l'on vous a dit cela, oubliez-le immédiatement ! La grammaire basque n'est pas plus difficile (ni plus facile) que n'importe quelle autre grammaire. C'est un système de règles qui vous permet de construire des phrases et de vous exprimer correctement.

Le problème en fait, c'est que la grammaire basque choisit presque toujours des règles très différentes de celles dont nous avons l'habitude en français. Ainsi, là où nous trouvons logique de commencer par un sujet, suivi d'un verbe puis d'un complément, les Basques préfèrent mettre un sujet, un complément et terminer par un verbe. Là où nous employons des articles et des prépositions, les Basques utilisent des terminaisons qu'ils ajoutent à la fin d'un groupe du nom. Là où nous adorons conjuguer des verbes (de façon assez complexe, vous en conviendrez !), les Basques choisissent de conjuguer des auxiliaires qu'ils associent à des participes. Bref, ils ne font rien comme nous, et même très souvent, complètement à l'inverse de nous !

Alors, vous comprendrez bien qu'il ne nous est pas possible, dans le cadre restreint d'un ouvrage comme celui-ci, de vous expliquer en détail les subtilités de la grammaire basque. Malgré tout cela, il peut être intéressant pour les plus courageux d'entre vous d'avoir quelques notions de la manière dont la langue fonctionne.

LES DIVERSES FORMES DES MOTS ET LEUR ORDRE DANS LA PHRASE

En basque, tous les mots varient selon la fonction qu'ils occupent dans la phrase. En fait, pour chaque fonction (sujet, complément d'objet direct, complément d'objet indirect, complément du nom, complément circonstanciel de lieu, de but, etc.), un nom ou un adjectif basque va porter une terminaison particulière. L'avantage, c'est que l'on voit (on entend) immédiatement quel rôle un mot joue dans la phrase. C'est un peu comme le vêtement d'un acteur qui permet de le distinguer des autres.

Bon, commençons par le commencement !

Genre et nombre

Il n'y pas de genre grammatical en basque (pas de masculin, pas de féminin) ni d'article en tant que tel. En revanche, il y a trois nombres :

• L'indéterminé (singulier ou pluriel) : le mot à l'indéterminé n'est jamais seul ; on utilise cette forme lorsqu'on ne connaît pas spécifiquement l'objet ou le sujet dont on parle. Le nom ou groupe nominal ne porte alors aucun suffixe.

• Le déterminé singulier, pour un sujet ou un objet qu'on connaît spécifiquement. Le nom ou groupe nominal porte le suffixe **-a** à l'absolutif et **-ak** à l'ergatif (nous allons vous expliquer la différence entre ces deux cas dans un instant, patience !).

• Le déterminé pluriel, pour plusieurs sujets ou plusieurs objets que l'on connaît spécifiquement. Le nom ou le groupe nominal porte le suffixe **-ak** à l'absolutif et **-ek** à l'ergatif.

Par exemple, quelle est la différence entre **lau etxe** et **lau etxeak**, ces deux énoncés signifiant "quatre maisons", le premier indéterminé, le second déterminé ? Dans le premier cas, il s'agit d'un groupe de quatre maisons dont aucune n'est connue spécifiquement du locuteur qui considère ce groupe globalement, alors que dans le second cas, il s'agit de quatre maisons spécifiques, chacune connue du locuteur. Subtil, n'est-ce pas ?

En basque, le nom se trouve toujours dans un ensemble qu'on appelle le groupe nominal. Celui-ci peut être constitué :

– d'un nom tout seul : **laguna**, *l'ami* ;
– d'un nom plus un déterminant : **lagun bat**, *un (seul) ami*, **lagun hau**, *cet ami* ;
– d'un nom plus un adjectif : **lagun azkarra**, *l'ami rapide* ;
– d'un nom, d'un adjectif et de plusieurs déterminants : **beste lagun handi hori**, *cet autre grand ami-ci*.

L'essentiel est de savoir que les adjectifs et la plupart des déterminants se placent après le nom et que les suffixes (de détermination, du pluriel, de déclinaison, etc.) <u>s'attachent une seule fois au dernier mot du groupe nominal</u> (**laguna** = **lagun-a**, soit littéralement "ami-le").

La déclinaison

Elle est riche, mais assez simple. En effet, tous les noms et groupes nominaux se déclinent de la même manière, en ajoutant le suffixe voulu au dernier élément du groupe (le nom ou l'adjectif en général). Par exemple, à l'inessif, cas qui exprime la position dans un lieu (notre "à" ou "dans"), nous aurions les déclinaisons comme dans le tableau qui suit.

etxean	dans la maison ("maison-la-dans")
etxe handian	dans la grande maison
("maison grande-la-dans")	
etxe handi batean	dans une grande maison
("maison grande une-dans")	

Ce système de déclinaison permet souvent de remplacer nos prépositions. Voyons-en les principaux cas (les formes complètes seront données sous forme de tableau après les explications générales).

• **L'absolutif (nor)**

C'est la forme neutre, de base, à partir de laquelle on dérive tous les autres cas. En basque on appelle les cas en utilisant le pronom "qui", c'est ainsi plus facile de reconnaître le type de suffixe à employer et bien moins barbare que les appellations grammaticales traditionnelles. **Nor** correspond donc :
– soit au sujet d'un verbe intransitif :

Lagunak gelditu dira.
amis-les arrêtés sont
Les amis se sont arrêtés.

– soit au complément d'objet direct d'un verbe transitif :

Arrantzaleek arrainak harrapatu dituzte.
pêcheurs-les poissons-les attrapé les-ont
Les pêcheurs ont attrapé des poissons.

• **L'ergatif (nork)**

C'est le cas du sujet d'un verbe transitif (qui peut prendre un COD). Considérez la phrase suivante :

Koldok Amaiaren eskua hartu du.
Koldo Amaia-de main-la pris a
Koldo a pris la main d'Amaia.

On voit donc que le basque marque une différence entre deux types de sujets : à l'absolutif (**nor**), le sujet réalise une action intransitive, c'est-à-dire que celle-ci, au lieu de concerner un objet, est entièrement réalisée par le sujet. Au contraire, à l'ergatif (**nork**), le sujet réalise une action transitive, c'est-à-dire qu'il fait retomber l'action sur un autre sujet ou sur un objet quelconque.

• **Le génitif possessif (noren)**

Ce cas sert à exprimer les rapports de possessions que nous traduisons en français à l'aide de la préposition "de" comme dans "le livre de Patxi". Attention à l'ordre des mots ; contrairement au français, le possesseur (**noren**) se situe avant le possédé :

Amaia<u>ren</u> eskua
Amaia-de main-la
la main <u>d</u>'Amaia

Les pronoms personnels déclinés au génitif possessif (voir tableau des **Pronoms Personnels** un peu plus loin) remplacent nos adjectifs possessifs :

ni<u>re</u> laguna
<u>mon</u> ami

• **Le génitif locatif (nongo)**

Ce cas exprime l'appartenance, le rapport à un lieu, à un endroit. Souvent traduit par la préposition "de" en français, il faut se garder de le confondre avec le génitif possessif (**noren**). Comment faire la différence ? Essayez de remplacer "de" français par "dans" ; si cela fait sens, c'est qu'il s'agit du génitif locatif (**nongo**). Si la permutation est impossible, vous avez affaire à **noren** :

– **Etxe<u>ko</u> gela** (litt. "maison-la-de chambre-la"), *la chambre <u>de</u> la maison* : on peut dire "la pièce <u>dans</u> la maison", donc génitif locatif.

– **Nire lagunaren liburua** (litt. "moi-de ami-le-de livre-le"), *le livre de mon ami* : on ne peut pas dire "le livre dans mon ami", donc génitif possessif.

Attention également à l'ordre des mots : le mot au cas **nongo** se place avant le mot qu'il qualifie, exactement comme pour le génitif possessif.

• **L'inessif (non)**

Ce cas indique la position au sein d'un lieu. Il se traduit en français par les prépositions "dans", "en" et "à" :

Etxean dago.
maison-la-dans est
Il est dans la maison.

ETXEAN DAGO.
(Il est dans la maison.)

- **L'allatif (nora)**

Ce cas indique la direction, le lieu où l'on va. Il correspond à "vers" ou "à" en français :

Etxera noa.
maison-la-à vais
Je vais <u>à la</u> maison.

- **L'ablatif (nondik)**

Il indique l'origine, la provenance d'un lieu et il se traduit généralement par "de", "depuis", "à partir de" :

Parisetik nator.
Paris-de viens
Je viens <u>de</u> Paris.

- **L'associatif (norekin)**

Il exprime l'association et se traduit par la préposition "avec" :

Lagunekin topaketa.
amis-les-avec rencontre-la
une rencontre <u>avec des</u> amis

- **L'instrumental (zerez)**

Ce cas exprime le moyen, la manière ; il rend généralement les prépositions françaises "avec" (pas celui de l'associatif, attention !), "au moyen de", "par" :

Baietz esaten du buruaz.
oui-que dit [aux.] tête-la-par
Il dit oui <u>avec (au moyen de)</u> la tête.

Txinatarrak zotzez baliatzen dira jateko.
chinois-les baguettes-les-par servent [aux.] manger-pour
Les Chinois se servent <u>de</u> baguettes pour manger.

- **le destinatif (norentzat)**

Il traduit la destination, le but, et correspond au français "pour" :

Izozkiak zuen<u>tzat</u> dira.
glaces-les vous-pour sont
Les glaces sont <u>pour</u> vous.

Alkandora hauek zure aita<u>rentzat</u> dira.
chemise ces toi-de père-le-pour sont
Ces chemises sont <u>pour</u> ton père.

- **le datif (nori)**

Il permet d'exprimer le complément d'attribution et correspond au français "à" (dans le sens "donner quelque chose à quelqu'un"). Nous verrons plus loin que l'emploi de ce cas a des répercussions majeures sur la conjugaison.

Aitorrek Koldor<u>i</u> liburu bat ematen dio.
Aitor Koldo-à livre un donne [aux.]
Aitor donne un livre <u>à</u> Koldo.

Tableau général partiel de la déclinaison basque

Il existe d'autres cas et des possibilités de "surdécliner" (associer deux cas ensemble !), mais nous laisserons cet aspect de côté. Pour vous y retrouver dans les formes que prennent les mots pour chaque cas, voici un tableau récapitulatif (qui ne vaut que pour les noms inanimés, les animés varient quelque peu dans la forme, mais encore une fois, inutile d'entrer dans le détail à ce niveau) :

Cas	Singulier	Pluriel	Indéterminé
nor (absolutif)	-a	-ak	-ø
nork (ergatif)	-ak	-ek	-(e)k

nori (datif)	**-ari**	**-ei**	**-(r)i**
noren (génitif poss.)	**-aren**	**-en**	**-(r)en**
norekin (associatif)	**-arekin**	**-ekin**	**-(r)ekin**
norentzat (destinatif)	**-arentzat**	**-entzat**	**-(r)entzat**
zerez (instrumental)	**-az**	**-ez**	**-(e)z**
non (inessif)	**-(e)an**	**-etan**	**-(e)(ta)n**
nondik (ablatif)	**-(e)tik**	**-etatik**	**-(e)(ta)tik**
nora (allatif)	**-(e)ra**	**-etara**	**-(e)(ta)ra**
nongo (génitif locatif)	**-(e)ko**	**-etako**	**-(e)(ta)ko**

Les postpositions

Nous avons vu que c'est la déclinaison qui se charge en basque d'exprimer les principaux rapports entre les noms. Ce système n'est cependant pas suffisamment riche pour exprimer toutes les nuances spatiotemporelles dont la langue peut avoir besoin. Pour affiner la déclinaison, le basque emploie des petits mots (des postpositions) qui se placent après un nom et qui forment avec lui une unité nominale. Ce nom se décline alors selon un cas déterminé. Ainsi, l'inessif (**non**) traduit la position dans un lieu, rendu par "dans" ou "sur", sans préciser outre mesure la relation à l'espace concerné. Si on désire mettre l'accent sur le fait qu'un objet est sur (dessus) quelque chose, ou dans (dedans) quelque chose, on emploiera en basque une postposition, et ainsi de suite pour tous les types de relations spatiotemporelles qu'on peut imaginer. Voici donc un tableau des principales postpositions (nous précisons le cas selon lequel on doit décliner le nom auquel la postposition se rapporte) :

Postposition	Cas du nom qui précède la postposition	Exemple
zehar à travers	**non** inessif	**herri**an**zehar** à travers la ville

gabe sans	suffixe **-ik** partitif*	**gasolinarik gabe** sans essence
atze(an) derrière	**noren** génitif possessif	**haurren atzean** derrière les enfants
gain(ean) au-dessus de	**noren** génitif possessif	**mahaien gainean** au-dessus des tables
aurre(an) devant	**noren** génitif possessif	**ispiluaren aurrean** devant le miroir
azpi(an) dessous	**noren** génitif possessif	**mahaien azpian** sous les tables
barne(an) dedans	**noren** génitif possessif	**etxearen barnean** dans la maison
albo(an) à côté de	**noren** génitif possessif	**etxearen alboan** à côté de la maison
gain en plus de	**zerez** instrumental	**konketaz gain** en plus du lavabo
kanpo, at dehors	**nondik** ablatif	**etxetik kanpo** en dehors de la maison
buruz au sujet de	**nori** datif	**filosofiari buruz** à propos de la philosophie
dagokionez quant à	**nori** datif	**eguraldiari dagokionez** quant au temps

* Nous n'avons pas introduit le partitif dans le tableau des déclinaisons volontairement, voir la rubrique suivante ***Quelques éléments de syntaxe***.

QUELQUES ÉLÉMENTS DE SYNTAXE ET DE MORPHOLOGIE

L'ordre des mots

Une phrase neutre en basque suit l'ordre syntaxique suivant :
[Ergatif] [Datif] [Absolutif] [verbe + auxiliaire]

Par exemple : **Zuk Itziarri gutuna igorri zenion**, *Tu avais envoyé une lettre à Itziar*. Dans cette phrase, le premier élément est **zuk** à l'ergatif (sujet d'un verbe transitif), le deuxième mot est **Itziarri**, le prénom **Itziar** au datif (complément d'attribution), en troisième position, nous avons **gutuna**, *lettre*, à l'absolutif (ici complément d'objet direct), suivi du verbe **igorri**, *envoyer*, au participe accompli et de l'auxiliaire **ukan**, *avoir*, conjugué à la forme passée du modèle **nork-nor-nori**, ce qui donne **zenion**.

La mise en relief

Il existe une position réservée aux mots que l'on désire mettre en valeur : celle qui précède immédiatement le verbe. On dit que ces mots sont mis en relief (**galdegaia**). Par exemple :

Jon <u>etxera</u> joan da.
Jon maison-la-à allé est
Jon est allé <u>à la maison</u>.

On insiste ici sur la maison : c'est à la maison que Jon est allé (l'entité qui correspond à "à la maison" se trouve devant le verbe **joan da**).

<u>Jon</u> joan da etxera.
Jon allé est maison-la-à
<u>Jon</u> est allé à la maison.

On insiste sur Jon : c'est Jon qui est allé à la maison (cette fois, c'est "Jon" qui se trouve devant le verbe).

Si l'on désire mettre un verbe en relief (le mettre en valeur), il faut que lui-même précède un autre verbe ; on introduit alors l'auxiliaire d'insistance **egin**, *faire* :

Bere ordularia <u>atzeratu</u> *egin* du.
même-de montre-la retardé fait a
Il a <u>retardé</u> sa montre = on insiste sur le fait de retarder.

La négation et le partitif

Les phrases négatives se caractérisent par la présence de la particule **ez** :

Koldo ez dago eskolan.
Koldo non est école-la-dans
Koldo n'est pas à l'école.

Pour les phrases contenant un verbe faible ou périphrastique (voir rubrique *Le verbe*), la particule **ez** se place devant l'auxiliaire, et le verbe principal est rejeté à la fin de la phrase :

Maddalenek liburu bat hartu du.
Maddalen livre un pris a
Maddalen a pris un livre.

MADDALENEK LIBURU BAT HARTU DU.
(Maddalen a pris un livre.)

Maddalenek <u>ez du</u> libururik <u>hartu</u>.
Maddalen non a livre-[partitif] pris
Maddalen n'a pas pris de livre.

Le partitif (**libururik** dans l'exemple ci-dessus), qui se forme en ajoutant le suffixe **-(r)ik**, s'utilise principalement dans les phrases négatives et interrogatives. Il correspond en gros au phénomène que nous connaissons en français lorsque nous disons au négatif "je ne veux pas <u>de</u> pain".

LES PRONOMS PERSONNELS

Si vous ne souhaitez pas entrer dans les détails de la grammaire, voici les pronoms personnels dont vous pourriez avoir besoin. Même si vous ne déclinez pas et que vous ne conjuguez pas, vous pourriez approximativement vous faire comprendre en associant un pronom et un verbe à l'infinitif. Cela sonnera un peu comme du charabia, mais enfin, le message passera ! C'est l'essentiel !

	Pronoms sujets d'un verbe transitif	Pronoms sujets d'un verbe intransitif
je	**nik**	**ni**
tu *(fam.)*	**hik**	**hi**
il, elle	**hark**	**hura**
nous	**guk**	**gu**
tu *(pol.)*	**zuk**	**zu**
vous	**zuek**	**zuek**
ils, elles	**haiek**	**haiek**

Rappelons qu'un verbe transitif est un verbe qui peut prendre un complément d'objet direct ; un verbe intransitif ne peut pas prendre de complément d'objet direct.

hogeita hiru

Exemples :
Je mange (une pomme) : manger = verbe transitif
Nik (sagar bat) jaten dut.
je (pomme une) mange [aux.]
Je dors : dormir = verbe intransitif
Ni lo nago
je endormi suis

Pour celles et ceux qui souhaiteraient approfondir, voici le tableau général des pronoms personnels déclinés à tous les cas (vous avez vu plus haut l'emploi de chacun des cas en détail.

• **Tableau de déclinaison des pronoms personnels**

Personne	Cas			
	nor	**nork**	**nori**	**noren**
je	**ni**	**nik**	**niri**	**nire**
tu	**zu**	**zuk**	**zuri**	**zure**
il/elle	**hura**	**hark**	**hari**	**haren**
	(bera)	**(berak)**	**(berari)**	**(bere)**
nous	**gu**	**guk**	**guri**	**gure**
vous	**zuek**	**zuek**	**zuei**	**zuen**
ils/elles	**haiek**	**haiek**	**haiei**	**haien**
	(berak)	**(berek)**	**(berei)**	**(beren)**

	Cas		
	norekin	**norentzat**	**zerez / zertaz**
je	**nirekin**	**niretzat**	**nitaz**
tu	**zurekin**	**zuretzat**	**zutaz**
il/elle	**harekin**	**harentzat**	**hartaz**
	(berekin)	**(beretzat)**	**(beraz)**
nous	**zurekin**	**guretzat**	**gutaz**
vous	**zuekin**	**zuentzat**	**zuetaz**
ils/elles	**haiekin**	**haientzat**	**haietaz**
	(berekin)	**(berentzat)**	**(berez)**

Un petit mot d'explication : prenons la première personne du singulier ; on aura :

ni, *je*, à l'absolutif (sujet d'un verbe intransitif)
nik, *je*, à l'ergatif (sujet d'un verbe transitif)
niri, *à moi*, au datif
nire, *mon, ma, mes*, au génitif possessif, correspond alors à notre adjectif possessif
nirekin, *avec moi*, à l'associatif
niretzat, *pour moi*, au destinatif
nitaz, *par moi, à mon sujet*, à l'instrumental

LA PHRASE INTERROGATIVE

Quelques pronoms interrogatifs

Zer est utilisé pour interroger sur une chose (*quoi* au singulier), **zertzuk** pour interroger sur plusieurs choses (*quoi* au pluriel), **nor** pour interroger sur une personne (*qui* au singulier), **nortzuk** pour interroger sur plusieurs personnes (*qui* au pluriel).

Naturellement, tous ces pronoms se déclinent (**nork** à l'ergatif, par exemple).

Voici pour chacun des quatre pronoms interrogatifs quelques phrases pour en illustrer le fonctionnement :

> **Zer ekarri duzu etxetik?**
> quoi apporté [aux.] maison-la-de
> Qu'est-ce que tu as apporté de la maison ?

> **Zertzuk erabili dituzu autoa konpontzeko?**
> quoi-(pl.) utilisé [aux.] auto-la réparer-pour
> Lesquels as-tu utilisés pour réparer la voiture ?

Nor* dago sukaldean?
qui est cuisine-la-dans
Qui se trouve dans la cuisine ?

* Le pronom est ici décliné à l'absolutif, car il renvoie à une personne sujet d'un verbe intransitif.

Nork* hartu du nire liburua?
qui pris a moi-de livre-le
Qui a pris mon livre ?

* Cette fois-ci, le pronom est à l'ergatif car la personne sur qui on s'interroge est sujet d'un verbe transitif.

Nortzuk* dira?
qui-(pl.) sont
Qui sont ces gens ?

* Qui au pluriel, absolutif ou ergatif.

Les mots interrogatifs suivants peuvent aussi vous être d'un grand secours :

noiz?	quand ?
nola?	comment ?
non?	où ?
zenbat?	combien ?
zergatik?	pourquoi ?
zertarako?	dans quel but ?

Noiz etorriko zara bisita egitera?
quand viendras [aux.] visite faire-à
Quand viendras-tu nous rendre visite ?

Nola jantzi zinen afaltzera joateko?
comment habillé [aux.] dîner-à aller-pour
Comment t'étais-tu habillé pour aller dîner ?

Zenbat aldiz entzun duzu diska hori?
combien fois-de écouté [aux.] disque ce
Combien de fois as-tu écouté ce disque ?

Zergatik ez zinen etorri atzo?
pourquoi pas [aux.] venu hier
Pourquoi n'es-tu pas venu hier ?

Zertarako eraman dituzu betaurrekoak?
quoi-pour apporté [aux.] lunettes-les
Dans quel but as-tu apporté les lunettes ?

Non dago Ainhoa?
où est Ainhoa
Où est Ainhoa ?

LES POSSESSIFS

- **Les adjectifs possessifs** (mon, ton, son…) du basque sont somme toute assez simples à utiliser ; il s'agit essentiellement des pronoms déclinés au génitif possessif ; cela nous donne :

nire	mon, ma, mes
zure	ton, ta, tes
haren	son, sa, ses
gure	notre, nos
zuen	votre, vos
haien	leur, leurs

- Pour **les pronoms possessifs** (le mien, le tien, etc.), il suffit d'ajouter un déterminant à l'adjectif possessif et de le décliner comme un nom.

nirea	le mien, la mienne
nireak	le mien (à *l'ergatif singulier*) ou les miens (à *l'absolutif pluriel*)
nireek	les miens (à *l'ergatif pluriel*)

zurea	le tien, la tienne
zureak	le tien (à *l'ergatif singulier*) ou les tiens (à *l'absolutif pluriel*)
zureek	les tiens (à *l'ergatif pluriel*)

harena	le sien, la sienne
harenak	le sien (à *l'ergatif singulier*) ou les siens (à *l'absolutif pluriel*)
harenek	les siens (à *l'ergatif pluriel*)

gurea	le nôtre, la nôtre
gureak	le nôtre (à *l'ergatif singulier*) ou les nôtres (à *l'absolutif pluriel*)
gureek	les nôtres (à *l'ergatif pluriel*)

zuena	le vôtre, la vôtre
zuenak	le vôtre (à *l'ergatif singulier*) ou les vôtres (à *l'absolutif pluriel*)
zuenek	les vôtres (à *l'ergatif pluriel*)

haiena	le leur, la leur
haienak	le leur (à *l'ergatif singulier*) ou les leurs (à *l'absolutif pluriel*)
haienek	les leurs (à *l'ergatif pluriel*)

Ensuite, on peut décliner le pronom possessif comme n'importe quel nom, par exemple :

nirerekin	avec le mien (à *l'associatif*)
zurearentzako	pour le tien (*au destinatif*)

LES DÉMONSTRATIFS

Le démonstratif prend trois formes selon la distance qui sépare le locuteur du sujet ou de l'objet décrit :

hau *(sing.)*, **hauek** *(pl.)*	ce *(lorsque l'objet est proche du locuteur)*
hori *(sing.)*, **horiek** *(pl.)*	ce *(lorsque l'objet est à moyenne distance du locuteur)*
hura *(sing.)*, **haiek** *(pl.)*	ce...-là *(lorsque l'objet est éloigné du locuteur)*

	Objet proche du locuteur	Objet à moyenne distance du locuteur	Objet éloigné du locuteur
ce/cette	**hau**	**hori**	**hura**
ces	**hauek**	**horiek**	**haiek**

Naturellement, ces démonstratifs se déclinent aussi selon le tableau suivant. Seules les formes aux cas **nor** (absolutif), **nork** (ergatif) et **nori** (datif) sont particulières ; pour les autres cas, il suffit de prendre les radicaux **hon-**, **horr-** et **har-** pour le singulier, et **haue-**, **horie-** et **haie-** pour le pluriel et d'y ajouter les suffixes de la déclinaison générale.

Singulier	**nor**	**nork**	**nori**
proche (ici)	**hau**	**honek**	**honi**
moyen (là)	**hori**	**horrek**	**horri**
lointain (là-bas)	**hura**	**hark**	**hari**

Pluriel	**nor**	**nork**	**nori**
proche (ici)	**hauek**	**hauek**	**hauei**
moyen (là)	**horiek**	**horiek**	**horiei**
lointain (là-bas)	**haiek**	**haiek**	**haiei**

hogeita bederatzi

LE COMPARATIF ET LE SUPERLATIF

En basque, il faut bien faire la différence entre ce que l'on compare de manière **qualitative** (p. ex. : Antxon est plus intelligent qu'Aitziber) et ce que l'on compare de manière **quantitative** (p. ex. : Aitziber a plus d'argent qu'Antxon). Une fois cette différence faite, il suffit d'appliquer les schémas ci-dessous pour obtenir une phrase correctement construite au comparatif. Appelons A et B les deux termes comparés.

Comparatif de supériorité

- **Qualité = A + B + baino … -ago**

    Bilbo Donostia baino handiagoa da.
    Bilbao Saint-Sébastien que grand-plus-le est
    Bilbao est plus grand que Saint-Sébastien.

(**handiagoa** prend le **-a** du déterminé car il est attribut du verbe **izan (da)**, *être*.)

- **Quantité = A + B + baino … gehiago**

    Antxonek Aitziberrek baino liburu gehiago ditu
    Antxon Aitziber que livre plus a
    Antxon a plus de livres qu'Aitziber.

(Évidemment, comme Antxon et Aitziber ont des livres dont on compare la quantité, et les deux noms étant sujet d'un verbe transitif, ils portent tous deux la marque de l'ergatif, **nork**.)

Comparatif d'égalité

- **Qualité = A + B + bezain + …**

    Aitziber Maddalen bezain polita da.
    Aitziber Maddalen aussi jolie-la est
    Aitziber est aussi jolie que Maddalen.

- **Quantité = A + B + adina + ...**

   Mikelek Antxonek <u>adina</u> diska ditu.
   Mikel Antxon autant disque a
   Mikel a autant de disques qu'Antxon.

Le superlatif

Le superlatif, quant à lui, se forme tout simplement en ajoutant à l'adjectif le suffixe **-en** :

gazte	jeune	→	gazte<u>en</u>	le plus jeune
on	bon	→	on<u>en</u>	le meilleur

Les couleurs

Il peut s'avérer pratique de reconnaître les couleurs en basque. Voici les principales :

zuri	*souri*	blanc
urdin argi	*ourdig'n argui*	bleu ciel
urdin ilun	*ourdig'n ilyoun*	bleu marine
gris	*griSH*	gris
hori	*ori*	jaune
marroi	*marroy*	marron
ubel	*oubél*	mauve
beltz	*bèlts*	noir
laranja	*lara'nya*	orange
arrosa	*arroSH*	rose
gorri	*gorri*	rouge
berde	*bèrdé*	vert
more	*moré*	violet

À noter que hormis le blanc, le jaune, le rouge, le bleu et le noir, les autres mots pour désigner toutes les autres couleurs ont été empruntés au latin.

hogeita hamaika

GORRIA DAGO!
(Il est rouge !)

LE VERBE

Les verbes en basque se distribuent en deux groupes : des verbes faibles ou périphrastiques et des verbes forts ou synthétiques. Il existe donc deux types de conjugaison :

• Une conjugaison dite périphrastique, analytique ou composée (pour la grande majorité des verbes basques). Dans ce cas, le verbe se décompose en plusieurs formes indépendantes (une périphrase verbale, c'est-à-dire un participe et un auxiliaire).

• Une conjugaison dite synthétique ou forte : le verbe a sa propre conjugaison.

Tous les verbes, même les verbes forts, peuvent se conjuguer de façon périphrastique. Cependant, on compte quelques verbes forts courants dont il faut connaître la conjugaison synthétique car c'est celle qui est la plus employée. Essayons de faire le tour de la question.

La conjugaison synthétique ou forte

Deux des principaux verbes forts sont **ukan**, *avoir,* et **izan**, *être*, qui, comme en français, peuvent être auxiliaires. Leur conjugaison est la suivante :

- **izan** – *être*

Présent	
ni naiz	je suis
zu zara	tu es
hura da	il/elle est
gu gara	nous sommes
zuek zarete	vous êtes
haiek dira	ils/elles sont

Passé	
ni nintzen	j'étais
zu zinen	tu étais
hura zen	il/elle était
gu ginen	nous étions
zuek zineten	vous étiez
haiek ziren	ils/elles étaient

- **ukan** – *avoir*

– Quand l'objet est singulier (**Nik etxe bat dut**, *J'ai une maison*) :

Présent	
nik ... dut	j'ai... *(+ sing.)*
zuk ... duzu	tu as...
hark ... du	il/elle a...
guk ... dugu	nous avons...
zuek ... duzue	vous avez...
haiek ... dute	ils/elles ont...

hogeita hamahiru

Passé	
nik ... nuen	j'avais... *(+ sing.)*
zuk ... zenuen	tu avais...
hark ... zuen	il/elle avait...
guk ... genuen	nous avions...
zuek ... zenuten	vous aviez...
haiek ... zuten	ils/elles avaient...

– Quand l'objet est pluriel (**Nik etxeak ditut**, *J'ai des maisons*) :

Présent	
nik ... ditut	j'ai... *(+ pl.)*
zuk ... dituzu	tu as...
hark ... ditu	il/elle a...
guk ... ditugu	nous avons...
zuek ... dituzue	vous avez...
haiek ... dituzte	ils/elles ont...

Passé	
nik ... nituen	j'avais... *(+ pl.)*
zuk ... zenituen	tu avais...
hark ... zituen	il/elle avait...
guk ... genituen	nous avions...
zuek ... zenituzten	vous aviez...
haiek ... zituzten	ils/elles avaient...

Comme vous pouvez le constater avec **ukan**, *avoir*, la conjugaison varie selon le nombre du COD. Ce sont des **verbes nor-nork**, car ils ont un sujet à l'ergatif et possèdent un infixe pluriel si le COD est au pluriel.

Parmi les autres verbes forts que vous rencontrerez, il faut souligner **joan**, *aller*, **jakin**, *savoir*, **egon**, *rester, être* et **etorri**, *venir*.

- **joan** – *aller*

Présent	
ni noa	je vais
zu zoaz	tu vas
hura doa	il/elle va
gu goaz	nous allons
zuek zoazte	vous allez
haiek doaz	ils/elles vont

Passé	
ni nindoan	j'allais
zu zindoazen	tu allais
hura zihoan	il/elle allait
gu gindoazen	nous allions
zuek zindoazten	vous alliez
haiek zihoazen	ils/elles allaient

- **jakin** – *savoir*

N.B. Les formes avec **-zki-** sont utilisées quand le complément d'objet direct est pluriel.

Présent	
nik daki(zki)t	je sais (je sais plusieurs choses)
zuk daki(zki)zu	tu sais
hark daki(zki)	il/elle sait
guk daki(zki)gu	nous savons
zuek daki(zki)zue	vous savez
haiek daki(zki)te	ils/elles savent

Passé	
nik neki(zki)en	je savais
zuk zeneki(zki)en	tu savais
hark zeki(zki)en	il/elle savait
guk geneki(zki)en	nous savions
zuek zeneki(zki)ten	vous saviez
haiek zeki(zki)ten	ils/elles savaient

- **egon** – *rester, être*

Présent	
ni nago	je reste, je suis
zu zaude	tu restes, tu es
hura dago	il/elle reste, il/elle est
gu gaude	nous restons, nous sommes
zuek zaudete	vous restez, vous êtes
haiek daude	ils/elles restent, ils/elles sont

Passé	
ni nengoen	je restais, j'étais
zu zeunden	tu restais, tu étais
hura zegoen	il/elle restait, il/elle était
gu geunden	nous restions, nous étions
zuek zeundeten	vous restiez, vous étiez
haiek zeuden	ils/elles restaient, ils/elles étaient

- **etorri** – *venir*

Présent	
ni nator	je viens
zu zatoz	tu viens
hura dator	il/elle vient
gu gatoz	nous venons
zuek zatozte	vous venez
haiek datoz	ils/elles viennent

Passé	
ni nentorren	je venais
zu zentozen	tu venais
hura zetorren	il/elle venait
gu gentozen	nous venions
zuek zentozten	vous veniez
haiek zetozen	ils/elles venaient

La conjugaison périphrastique ou composée

Ces périphrases verbales se composent d'un participe et d'un auxiliaire. Selon le type de participe et le temps de l'auxiliaire, on obtient les différents temps de la conjugaison basque.

• **Les participes verbaux**

Ils sont au nombre de trois.
– Le **participe accompli** est celui qui sert à nommer un verbe en basque, c'est la forme de base. Il s'emploie pour une action dont les aspects sont achevés. Associé à un auxiliaire au présent, le temps exprimé est un **présent parfait**. En voici des exemples :

agurtu	saluer
hartu	prendre
esan	dire
topatu	rencontrer

– Le **participe inaccompli**, qui se forme en ajoutant le suffixe **-t(z)en** au verbe, s'emploie pour une action dont les aspects sont inachevés. Associé à un auxiliaire au présent, le temps exprimé est un **présent habituel**. En voici des exemples :

agurtzen	saluer
hartzen	prendre
esaten	dire
topatzen	rencontrer

– Le **participe futur**, qui se forme en ajoutant le suffixe **-ko** au participe accompli (**-go** si ce dernier se termine par **-n**). En voici des exemples :

agurtuko	saluer
hartuko	prendre
esango	dire
topatuko	rencontrer

• Les auxiliaires

On emploie **ukan**, *avoir*, ou **izan**, *être*, verbes forts dont nous vous avons donné la conjugaison ci-dessus. Quand emploie-t-on l'un ou l'autre ?

– **ukan** s'utilise avec des verbes transitifs
– **izan** s'emploie avec des verbes intransitifs

Attention cependant : les conjugaisons que nous vous avons fournies plus haut pour **ukan**, *avoir*, ou **izan**, *être*, ne valent, pour **ukan**, que pour les verbes transitifs qui prennent un sujet (à l'ergatif - **nork**) et un complément d'objet direct, singulier ou pluriel (à l'absolutif – **nor**), et pour **izan**, que pour les verbes intransitifs. En effet, il existe de nombreux verbes qui prennent trois arguments : un sujet (**nork**), un COD (**nor**) et un complément d'attribution au datif (**nori**). Dans ce cas, l'auxiliaire aura une conjugaison en propre qui reflètera par différents infixes tous les arguments de la phrase, selon un système complexe mais rigoureux qu'il serait trop fastidieux de vous expliquer dans le cadre de cet ouvrage.

Quelques temps verbaux

• Le présent habituel

Il se forme en associant un participe inaccompli (en **-t(z)en**) à un auxiliaire au présent (**ukan** ou **izan**). Il exprime une action dans le présent, générale et habituelle :

Ni eskolara egunero <u>joaten naiz</u>.
je école-la-à quotidiennement vais [aux.]
Je vais à l'école tous les jours.
(Auxiliaire **izan**, *être*, car **joan**, *aller*, est un verbe intransitif.)

Nik liburua <u>hartzen dut</u>.   **Nik liburuak <u>hartzen ditut</u>.**
je livre-le prends [aux.]   je livre-les prends [aux.]
Je prends le livre.   Je prends les livres.

(Auxiliaire **ukan**, *avoir*, car **hartu**, *prendre*, est un verbe transitif.) Rappelez-vous que cet auxiliaire varie selon que le verbe a un complément au singulier ou au pluriel. En fait, il variera aussi s'il a un complément d'attribution (un datif) et l'ordre des infixes changera selon que le temps est du présent ou du passé. Il s'agit d'une affaire assez compliquée et nous nous permettons de vous renvoyer à une grammaire complète pour avoir le détail.

• Le présent progressif

Il exprime une action qui est en train de s'accomplir. Pour le construire, on associe le participe inaccompli au groupe verbal **ari izan** conjugué au présent :

Gozoki batzuk <u>jaten ari naiz</u>.
bonbons quelques manger être-en-train suis
Je suis en train de manger quelques bonbons.

• Le présent parfait

Il s'agit d'un accompli dans le présent et en fait, il traduit une action qui vient juste de se passer (par rapport au moment présent) et dont les répercussions se font encore sentir. Il s'agit donc d'une modalité aspectuelle que le français, qui se contente d'un présent, ne traduit souvent pas. Ce n'est en aucun cas un temps du passé même s'il peut être rendu par un passé composé en français. On le forme en associant un participe accompli à un auxiliaire au présent (**ukan** ou **izan**) :

Nik liburuak <u>hartu ditut</u>.
je livre-les pris ai
J'ai pris les livres.

Handia naiz – <u>esan du</u> Patxik.
grand-le suis – dit a Patxi
Je suis grand – dit Patxi.

Dans ce dernier exemple, on a le présent parfait, car Patxi vient de dire quelque chose (action accomplie) et en même temps, il signale dans le présent qu'il vient de dire cela. En français, on ne rend compte en aucune manière de ces subtilités, essentielles pour un bascophone.

• Le futur

Pour le former, on associe un participe futur (en **-ko**) à un auxiliaire au présent (**ukan** ou **izan**) :

Izozkia <u>jango duzue</u>.
glace-la manger-[fut.] [aux.]
Vous mangerez la glace.

Jolasean <u>geldituko dira</u>.
jeux-le-en rester-[fut.] [aux.]
Ils resteront à jouer.

• L'imparfait

On le forme en associant un participe inaccompli à un auxiliaire au passé (**ukan** ou **izan**) :

(Haiek) Erortzen ziren.
Ils tombaient.

• Le passé progressif

On le forme en associant un participe inaccompli au groupe verbal **ari izan** au passé :

Erortzen ari ziren.
Ils étaient en train de tomber.

• **Le passé simple**

Ce temps correspond en fait à notre passé composé dans la langue courante. On le forme en associant un participe accompli à un auxiliaire au passé (**ukan** ou **izan**) :

Erori ziren.
Ils tombèrent. / Ils sont tombés.

LA NOMINALISATION ET L'EXPRESSION DU BUT VERBAL

Nominaliser un verbe, c'est en faire un nom. Processus grammatical très fréquent en basque. Comment faire ? Pour une fois, c'est très simple : on prend la forme neutre du verbe et on lui ajoute le suffixe **-t(z)e**.

jan manger	→	**jate** = "le manger", le fait de manger
hartu prendre	→	**hartze** = le fait de prendre
egin faire	→	**egite** = le fait de faire

Cette forme nominalisée du verbe se comporte alors comme un nom normal et se décline de la même manière. Ainsi, pour exprimer des verbes introduits par "afin de", "pour" (des locutions infinitives en français), il suffit de nominaliser le verbe et de lui ajouter le suffixe **-ko** :

jan manger	→	**jateko** = pour manger, afin de manger
hartu prendre	→	**hartzeko** = afin de prendre, pour prendre

Ou encore, plus subtil, le but verbal directionnel, complément d'objet d'un verbe de mouvement (tel **joan**, *aller*). Comme les verbes de mouvement prennent en général un complément d'objet à l'allatif (**nora**), le verbe nominalisé se met aussi à l'allatif, logique, non ?

Etxe<u>ra</u> **noa.**	Je vais à la maison.
Jate<u>ra</u> **noa.**	Je vais manger.

JATERA NOA.
(Je vais manger.)

LES PROPOSITIONS RELATIVES

Nous vous conseillons de lire la section sur les verbes avant d'aborder celle-ci.

Exprimer des relatives en basque n'est pas trop difficile, mais plutôt déroutant car, vous l'aurez désormais compris, tout est inversé par rapport au français. Que se passe-t-il donc ?

Premier point : les phrases relatives se placent **devant** l'élément qu'elles déterminent :

Aitorrek ikusi du<u>en</u> opera *"Figaroren Ezteiak"* izena du.
Aitor vu a-que opéra-le "Figaro-de noce-les" nom a
L'opéra que Aitor a vu s'appelle "Les Noces de Figaro".

Second point : il n'y a pas de pronom relatif à proprement parler. Il suffit d'ajouter le suffixe **-(e)n** à l'auxiliaire pour les verbes périphrastiques ou directement sur le verbe si ce dernier est synthétique :

Neska kalean dago.
fille-la rue-la-en est
La fille est dans la rue.

Kalean dago<u>en</u> neska…
rue-la-en est-qui fille-la
La fille qui est dans la rue…

Dago (verbe **egon**), *il/elle est*, est un verbe synthétique, le suffixe **-(e)n** s'y attache directement. Par contre, le verbe **bizi** est périphrastique et se conjugue avec l'auxiliaire **izan**, *être* (forme **da** dans notre exemple, à la troisième personne du singulier). C'est donc sur ce dernier que se rattachera le suffixe relatif :

Neska etxe honetan bizi da.
fille-la maison celle-ci-en vit [aux.]
La fille vit dans cette maison.

Etxe honetan bizi d<u>en</u> neska…
maison celle-ci-en vit-qui fille-la
La fille qui vit dans cette maison…

Le suffixe **-(e)n** traduit aussi bien le relatif "qui" que le relatif complément d'objet direct "que" :

Ikusten dugu<u>n</u> neska…
voyons [aux.]-que fille-la
La fille que nous voyons…

Lorsqu'on ajoute le suffixe relatif, l'auxiliaire ou le verbe peut se comporter comme un nom et donc se décliner, pour obtenir l'équivalent des formes telles que : auquel, pour lequel, dont, avec lequel, etc.

LES PROPOSITIONS COMPLÉTIVES

Ce sont les constructions qui correspondent au français "que…" dans "je pense que…", "on m'a dit que…". Le principe est exactement le même que pour les relatives, sauf que cette fois-ci, on ajoute le suffixe **-(e)la** au verbe ou à l'auxiliaire si la phrase est affirmative, et le suffixe **-nik** si elle est négative. Ainsi, on aura :

Liburua ahaztu duzula esan dit Jonek.
livre-le oublié as-que dit [aux.]-à-moi Jon
Jon m'a dit que tu avais oublié le livre.
(Remarquez que la phrase basque est exactement à l'envers par rapport au français !)

Jonek ez dit esan liburua ahaztu duzunik.
Jon ne [aux.]-à-moi dit livre-le oublié as-que
Jon ne m'a pas dit que tu avais oublié le livre.
(Les éléments de la phrase ont changé de place à la forme négative).

Il va de soi que cet aperçu grammatical est fort incomplet (notamment en ce qui concerne le très complexe système verbal) mais que le but était de vous donner une idée du fonctionnement de la langue. Nous ne saurions trop vous recommander, si vous ne pouvez résister à l'envie de comprendre comment fonctionnent les verbes **nor-nori-nork** au passé, d'approfondir l'étude de cette belle langue. Notre méthode *Le Basque unifié*, publiée chez Assimil (collection Sans Peine), devrait vous aider à y voir plus clair…

CONVERSATION

Les bascophones ont cette particularité, qu'ils soient de nationalité française ou espagnole, d'être tous au moins parfaitement bilingues ; en effet, en plus du basque, ils maîtrisent naturellement le français ou l'espagnol. Vous pourriez donc très bien converser avec des bascophones sans avoir à faire l'effort d'apprendre leur langue. Bien entendu, vous passeriez à côté de l'essentiel. Nous vous l'avons dit, pour les Basques, la culture, au-delà des clichés folklorisants, c'est avant tout la langue. Et lorsque des bascophones se retrouvent entre eux, c'est en basque qu'ils conversent. Même si votre basque est rudimentaire, même si vous vous contentez de quelques phrases toutes faites pour ensuite poursuivre en français, cela vaut mieux qu'une attitude centralisatrice du genre "je suis en France, je parle français". Si vous parsemez votre conversation de quelques notions de basque, d'éléments montrant que vous en connaissez la culture ou, du moins, que vous êtes curieux, vous parviendrez non seulement à vous ouvrir aux autres, mais à acquérir une richesse insoupçonnée.

Comment procéder ? Des phrases toutes faites, classées par thèmes, vous allez en trouver des dizaines dans les pages qui suivent. Lisez-les mais n'en restez pas là : ouvrez grand les oreilles, regardez autour de vous : dans un café, ce monsieur qui passe sa commande, ces deux vieilles dames qui se saluent au bord de la plage, ce commentateur de chistera qui s'enflamme en basque, cette représentation de pastorale dans un village de montagne, cette visite guidée en basque au musée Guggenheim, tous ces panneaux bilingues, partout, dans les rues, les restaurants, les hôtels, les musées… Les occasions ne manqueront pas de voir et d'entendre du basque. Mettez-vous au diapason et gardez votre petit guide en poche !

POLITESSE, S'ADRESSER À QUELQU'UN, SALUER

Il existe une forme de tutoiement en basque (**hi**), assez complexe, car elle fait appel à un système de conjugaison particulier. La forme **zu** est en fait un vouvoiement, mais d'un degré plus faible qu'en français. Lorsqu'on s'adresse à deux personnes ou plus, on emploie le pronom **zuek**. Les Basques s'appellent beaucoup par leur prénom, et utilisent énormément de diminutifs. Ainsi, **Erramun**, *Ramon*, devient facilement **Erramuntxo** ou **Montxo** ; **Frantzisko**, *François*, devient **Patxi** tout comme **Pantxika** se réfère à *Françoise* ; **Miren**, *Marie*, devient **Mirentxu**, etc. Les Basques utilisent bien moins que nous les formules de politesse du type **barkatu! mesedez! eskerrik asko!** (voir traduction ci-après). N'en faites pas un usage excessif, cela vous rendrait froid et distant. La politesse se traduit dans l'attitude, par un signe de tête ou un sourire. On emploie également fort peu les titres honorifiques en parlant ; les Basques ont tendance à se tutoyer entre eux préservant ainsi les liens communautaires familiers qui les ont unis pendant des siècles.

En effet, si l'industrialisation et l'urbanisation ont touché les Basques espagnols au XIXᵉ siècle, les Basques français sont restés profondément ruraux, vivant dans des régions montagneuses, dans de petits villages, mis à part bien entendu ceux du littoral qui ont bénéficié de l'effet de mode lié aux grandes stations balnéaires (cela remonte à Napoléon III et à l'impératrice Eugénie qui était d'origine espagnole). Une grande solidarité unissait les gens entre eux et la structure même de la société, fondée sur la notion de **etxe**, *maison*, plutôt que sur celle de famille au sens restreint où nous l'entendons, au sein de laquelle chaque membre devait contribuer à la prospérité du bien commun, créait des rapports par nature proches et familiers et excluait tout signe de distance sociale.

La maison basque était le cœur de la société. Elle n'appartenait pas à un seul individu, mais à toute la famille qui s'y identifiait si bien qu'elle en portait souvent le nom. S'il y avait un membre qui en héritait (**etxerekoa**), il faut savoir que tous les autres membres de la famille pouvaient y demeurer, à condition de travailler à son entretien et d'aider à faire croître le patrimoine commun. Pour vendre la maison, il fallait le consentement de tous et les héritiers des vendeurs gardaient toujours un droit sur la maison, si bien que les transactions étaient rares. Souvent, un cousin émigré (en Amérique) envoyait l'argent pour que la maison demeure dans la famille en cas de problème. Ainsi, la maison et la langue formaient le ciment identitaire essentiel de la société basque. Cela dura en France jusqu'à la Révolution qui s'attaqua impitoyablement à ce qu'elle considérait comme des privilèges, mais les Basques, grâce aux notaires du coin, continuèrent de transmettre la maison à **l'etxerekoa**, qui ne doit pas être considéré comme un "propriétaire" au sens où nous l'entendons, mais comme celui qui appartient à la maison et dont les devoirs envers les membres de sa famille sont plus étendus que ses droits propres.

Quant aux grandes familles bourgeoises, qu'il s'agisse des grands commerçants de Bayonne ou des grands banquiers de Bilbao, ils ont très vite abandonné la langue basque au profit du français ou de l'espagnol. L'utilisation massive du basque dans tous les domaines de la société, à l'oral comme à l'écrit, est un phénomène assez récent et plus développé côté espagnol que côté français. Il est donc normal que les règles d'usage et de politesse soient restées simples.

Se saluer

egun on	*égouno'n*	bonjour *(en général)*
arratsalde on	*arratSHaldéo'n*	bonsoir
gabon	*gabo'n*	bonne nuit

kaixo, agur	*kaïcho, agour*	salut
jauna /	*yawna /*	monsieur /
jaunak	*yawnak*	messieurs
anderea /	*a'ndéréa /*	madame /
andereak	*a'ndéréak*	mesdames
zu	*sou*	toi
zuk	*souk*	toi *(sujet d'un verbe transitif)*

Etxeberri jaunandereak
étchébérri yawna'ndéréak
Monsieur et Madame Etxeberri

Le mot le plus employé pour se saluer ou se quitter est **agur** qui viendrait en fait du latin *augur(ium)*, au départ prêtre qui fournit des présages favorables. Cicéron, en latin classique, employait ce terme dans le sens de "prévision". Se saluer, en basque, serait donc à l'origine souhaiter bon augure à la personne à laquelle on s'adresse. Sympathique, non ?

Kaixo, nola zaude?
kaïcho nola sawdé
salut comment es
Salut, comment ça va ?

Oso ondo eta zu? Nola dago emaztea?
oSHo o'ndo éta sou? nola dago émastéa
très bien et toi - comment est épouse-la
Très bien et toi ? Comment va ta femme ?

Ederki asko!
éldèrki aSHko
joliment beaucoup
Elle se porte à merveille !

De manière plus familière, entre amis :

Zer moduz?
sémowss'
quoi mode-de
Comment va ?

Ederki, eta zu?
éderki éta sou
super et toi
Super, et toi ?

Tira, erdizka… / Ondo esan beharko.
tira érdiska o'ndo éSHan' béarko
bof à-moitié - bien dire faut
Bof ! Couci-couça.

Zeharo gaizki!
sé'aro gaïski
complètement mal
Vachement mal !

Les mots de la politesse

mesedez, arren, plazer baduzu	*méSHédès', arrè'n, plassèr badousou*	s'il vous plaît
Ez horregatik.	*ès orrégatik*	Il n'y a pas de quoi.
Eskerrik asko!	*èskérrik aSHko*	Merci beaucoup !
Barkatu!	*barkatou*	Pardon ! Excusez-moi !

Prendre congé

agur	*agour*	salut
ikusi arte	*ikouSHi arté*	au revoir
laster arte	*laSHtèr arté*	à bientôt
bihar arte	*bi'ar arté*	à demain
gero arte	*guéro arté*	à tout à l'heure
hurren arte	*ourrè'n arté*	à plus

berrogeita bederatzi

Joan egin behar dut, gero arte!
yoa'n égui'n béar dout' guéro arté
aller [aux.] dois [aux.] plus jusque
Je dois m'en aller, à plus tard !

Tira, goazen, zita bat dugu.
tira goassè'n sita bat' dougou
bon allons rendez-vous un avons
Bon, on s'en va, on a un rendez-vous.

Egongo gara.
égo'ngo gara
serons [aux.]
On s'appelle ?

Ongi, laster arte!
o'ngui laSHtèr arté
bien tôt jusque
Ok, à bientôt !

FAIRE CONNAISSANCE

Une petite conversation

Perdu en plein cœur de l'hiver dans un village de montagne, vous décidez de vous réchauffer en allant prendre un verre dans un bar. Il serait dommage de ne pas mettre à profit vos bases en euskera pour briser la glace et faire connaissance avec les gens du coin. Un petit dialogue comme celui-ci pourrait s'instaurer.

Egun on! Nire lehenengo aldia da Euskal Herrian. Euskalduna zara?
égou'no'n niré lé'éne'ngo aldia da ewSHkal érria'n ewSHkaldouna ssara
jour bon – mon premier période-le est basque pays-le-en. basque es ?
Bonjour ! C'est ma première fois au Pays basque. Tu es basque ?

EGUN ON! NIRE LEHENENGO ALDIA DA EUSKAL HERRIAN. EUSKALDUNA ZARA?
(Bonjour ! C'est ma première fois au Pays basque. Tu es basque ?)

Bai. Eta zu, nondik zatoz?
baï éta ssou no'ndik ssatoss
oui – et toi où-depuis viens
Oui. Et vous, d'où venez-vous ?

Frantziarra/belgiarra/suizarra/kebekarra/Afrika beltzekoa naiz.
fran'tsiarra / bèlguiarra / SHwissarra / kébékarra / afrika bèltssékoa naïss
français/belge/suisse/québécois/Afrique noire-de suis
Je suis français(e)/belge/suisse/québécois(e)/d'Afrique noire.

Ederki! Eta nolaz da euskaraz egiten duzula?
édèrki éta nolass da éouSHkarass éguitèn' doussoula
formidable - et comment-par est basque-en parlez [aux.]
Formidable ! Et comment se fait-il que vous parliez le basque ?

Bada, ez dut hitz egiten, konpondu besterik ez!
bada èsstout' its éguitèn' kon'pon'dou béSHtérik èss
ben non [aux.] parole fais arranger autre-de non
Oh ! Je ne le parle pas, je me débrouille !

Ez, benetan ondo egiten duzu! Edateko zerbait eskein diezazuket?
èss bénétan' on'do éguitèn' doussou édatéko sèrbaït' éSHkégn diéssassoukèt'
non vraiment bien parlez [aux.] - boire-pour quelque-chose offrir peux
Non, c'est vraiment très bien ! Je peux vous offrir un verre ?

Bai, gustora oso! Eseriko gara?
baï gouSHtora oSHo éSHériko gara
oui plaisir beaucoup - asseoir allons
Eh bien, avec plaisir ! On va s'asseoir ?

Mahai bat dago libre izkina hartan.
ma'aï bat' dago libré iskigna artan
table une il-y-a libre coin ce-dans
Il y a une table libre là-bas dans le coin.

Gustora, bai.
gouSHtora baï
plaisir oui
Avec plaisir.

Cette petite conversation anodine vous permet de vous rendre compte à quel point la structure du basque est différente de celle du français (observez le mot à mot !). Les Basques partagent avec les Français le fait d'être quelque peu chauvins. Ils sont fiers de leur particularisme et sont fort attachés à leur terre. Pourtant, ils peuvent être très ouverts et curieux de l'étranger, même si on les dit, à tort, peu bavards et renfermés. N'hésitez pas à répondre à leurs questions vous concernant et surtout… posez-leur des tas de questions sur leur langue, leurs coutumes, leur culture ; ils se feront un plaisir de vous renseigner.

Se présenter

Nola duzu izena?
nola doussou isséna
comment sa nom-le
Comment t'appelles-tu ? / vous appelez-vous ?

Koldo izena dut, eta zuk?
koldo isséna dout' éta ssouk
Koldo nom-le ai et toi
Je m'appelle Koldo ; et vous ? / et toi ?

Hara Itxaro, nire adiskidea.
ara itcharo niré adiSHkidéa
ici Itxaro mon amie-la
Voici mon amie Itxaro.

Kaixo, zer moduz?
kaïcho ssé mowss
salut quoi façon-de
Salut, comment ça va ?

Hau Etxeberri jauna duzu.
aw étchébérri yawna doussou
ceci Etxeberri monsieur as
Je vous/te présente Monsieur Etxeberri.

Pozten naiz.
posstèn' naïss
réjouis [aux.]
Enchanté de faire votre connaissance.

Parler de son âge

Zein da zure adina?
ssègn da ssouré adigna
quel est ton âge
Quel âge as-tu ?

Hogeita hamabi urte ditut.
oguèïta amabi ourté ditout'
trente deux ans ai
J'ai 32 ans.

berrogeita hamahiru

Eta nik, zenbat urte uste?
éta nik sè'nbat' ourté ouSHté
et toi combien années croire
Et toi, tu me donnes quel âge ?

Ez dakit, ni baino gazteago dirudizu!
èsstakit' ni bagno gastéago diroudissou
pas sais moi que jeune-plus parais
Je ne sais pas ; tu as l'air plus jeune que moi !

Benetan! Bada, pentsazazu, zuk baino bost urte gehiago ditut!
bénéta'n bada pè'ntSHassassou souk bagno boSHt guéyago ditout
vraiment - ben pense toi que cinq ans plus ai
Vraiment ! Eh bien figure-toi que j'ai cinq ans de plus que toi !

Hogeita hamazazpi urte dituzu!
oguèïta amassaspi ourté ditoussou
trente sept ans as
Tu as 37 ans !

Ez duzu ematen!
èsstoussou ématè'n
pas [aux.]-à-toi donne
Tu ne les fais vraiment pas !

Gazteago zinela uste izango nuen!
gastéago sinéla ouSHté issa'ngo nou'è'n
jeune-plus étais-que cru aurais [aux.]
Je t'aurais cru bien plus jeune !

Lausengari hori!
lawSHè'ngari ori
flatteur celui-ci
Tu es flatteur !

FAÇONS DE PARLER

S'excuser

barkatu	*barkatou*	pardon
barkaidazu	*barkaïdassou*	pardonnez-moi, excusez-moi *(sing.)*
barkaidazue	*barkaïdassoué*	pardonnez-moi, excusez-moi *(pl.)*
sentitzen dut	*SHèn''ntitsèn''n dout'*	je suis désolé, je regrette

BARKATU!
(Pardon !)

Tira, barkatu, ez dut nahita egin!
tira barkatou èstout' naïta égui''n
oh pardon pas ai exprès fait
Oh pardon ! Je ne l'ai pas fait exprès !

Ez da ezer!
èsta éssèr
ne est rien
Ce n'est rien !

Ez du garrantzirik!
èstou garran"ntsirik
ne est grave-de
Ce n'est pas grave !

Benetan sentitzen dut! Ez da berriro gertatuko!
bénétan"n SHèn"ntitsèn"n dout' èsta bérriro guèrtatouko
vraiment regrette [aux.] - pas [aux.] nouveau-de reproduira
Vraiment, je regrette ! Ça ne se reproduira plus !

Raconter

Istorio bat kontatzea nahi duzu?
iSHtorio bat' ko'ntatséa naï doussou
histoire une raconter veux [aux.]
Tu veux que je te raconte une histoire ?

Ezetz asmatu zer gertatu zaidan.
éssèts' aSHmatou guértatou saïdan
que-non deviner quoi arrivé [aux.]-à-moi
Devine ce qui m'est arrivé ?

Entzun! Begira, lehengo egunean…
è'ntsou'n béguira lé'è'ngo égounéa'n
écoute regarde passé jour-le-dans
Écoute ! Figure-toi que l'autre jour…

Behin batean bazen…
béï'n batéa'n bassè'n
fois une-en oui-était
Il était une fois…

Exprimer son opinion

Exprimer son opinion est assez complexe en basque dans la mesure où contrairement au français qui a recours à des mots et des expressions, l'euskara emploie des verbes synthétiques à la conjugaison extraordinairement compliquée (non pas que nous cherchions à vous décourager ici !) du type **iritzi** qui signifie à peu près "donner un avis à propos de quelque chose", ou bien des expressions du type **ziur naiz**, *je suis sûr*, qui demandent que la complétive qu'elles introduisent soit suivie d'une particule (ici **–ela**, *que*).

Nire ustez, …
niré oustèss'
mon opinion
D'après moi, …

Nire iritziz, …
niré iritssiss'
mon avis
À mon avis, …

Nik uste, …
nik ouSHté
je crois
Je crois que…

Etorriko dela uste dut.
étorriko déla ouSHté dout'
venir-[futur] es-que crois [aux.]
Je crois qu'il va venir.

Ez dela etorriko pentsatzen dut.
ésstela étorriko ouSHté dout'
non es-que venir-[futur] pense [aux.]
Je pense qu'il ne viendra pas.

Ziur naiz etorriko dela.
ssiourr naïss étorriko déla
sûr suis venir-[futur] es-que
Je suis sûr qu'il va venir.

Ziur aski!
siour aShki
sûr assez
J'imagine !

Approuver, accepter une proposition

bai	*baï*	oui
ados	*adoSH*	d'accord
oso gustora	*oSHo gouSHtora*	très volontiers
jakina	*yakigna*	bien sûr
zergatik ez	*sérgatik èss'*	pourquoi pas
ideia ona	*idéya ona*	bonne idée
jakina	*yakigna*	bien sûr / bien entendu
halabeharrez	*alabéarrèss'*	nécessairement

Bai, argi eta garbi dago!
baï argui éta garbi dago
oui lumineux et propre est
Oui, c'est évident !

Egia da, arrazoi duzu erabat!
éguia da arrassoï doussou érabat'
vrai est raison as tout-à-fait
C'est vrai, tu as tout à fait raison !

Bai noski, zurekin ados nago!
baï noSHki souréki'n adoSH nago
oui naturellement toi-avec d'accord suis
Mais bien sûr, je suis d'accord avec toi !

Refuser, exprimer son désaccord

Ez dut nahi.
èstout' naï
non [aux.] veux
Je ne veux pas.

Zer esaten ari zara!
sèr éSHatè'n ari sara
quoi raconter en-train-de es
Mais qu'est-ce que tu racontes !

Ez dizut sinesten, ez da egia!
èstissout' SHinéSHtè'n èsta éguia
pas [aux.] crois non est vrai
Je ne te crois pas, ce n'est pas vrai !

Ez noski!
èss noSHki
non certainement
Certainement pas !

Ezertarako ere!
éssèrtarako éré
du-tout aussi
Pas du tout !

Ez da posible, astakeriak esaten ari zara!
èsta poSHiblé aSHtakériak éSHatè'n ari sara
non est possible bêtises-des dire en-train-de es
Tu dis des bêtises, ce n'est pas possible !

Ziur naiz zeharo oker zaudela!
siour naïss sé'aro okèr sawdéla
sûr suis complètement trompes [aux.]-que
Je pense vraiment que tu te trompes !

Convaincre

Sinetsidazu! Baietz bada!
SHinétSHidassou bayèts' ba
crois-moi - oui-que oui-est
Crois-moi ! Je t'assure que si !

Bai, bai, sinetsidazu!
baï baï SHinétSHidassou
oui oui crois-moi
Si, si, crois-moi !

Baietz; egia dela, benetan!
bayèts' éguia déla bénéta'n
que-oui vrai est-que vraiment
Je vous assure que c'est vrai, croyez-moi !

Erabat ziur naiz!
érabat' siour naïss'
absolument sûr suis
J'en suis persuadé !

Zalantzarik gabe!
sala'ntsarik gabé
doutes-de sans
Cela ne fait aucun doute !

Se réjouir

zoragarria	*soragarria*	merveilleux
itzela	*itséla*	génial
ze ondo	*sé o'ndo*	super
oso ondo	*oSHo o'ndo*	très bien
harrigarria	*arrigarria*	extraordinaire

Zoratuta nago, benetan oso ondo dago!
soratouta nago bénéta'n oSHo o'ndo dago
enchanté suis vraiment très bien est
Je suis enchanté ! C'est vraiment très bien !

Zoragarria da!
soragarria da
formidable est
C'est formidable !

Ikaragarri gustatu zait!
ikaragarri gouSHtatou saït'
extraordinaire aimé ai-[aux.]
J'ai adoré ça !

Oso gustokoa dut.
oSHo gouSHtokoa dout'
très plaisant-le ai
J'aime beaucoup.

Oso pozik nago!
oSHo possik nago
très content suis
J'en suis très content !

Inviter quelqu'un, proposer quelque chose

Nirekin paseatzea gustatuko litzaizuke?
niréki'n paSHéatséa gouSHtatouko litsaïssouké
moi-avec promener-le aimerais [aux.]
Tu aimerais te promener avec moi ?

Zinera joatea gustatuko litzaidake. Nirekin etorri nahi duzu?
sinéra yoatéa gouSHtatouko litsaïdaké. niréki'n étorri naï doussou
ciné-au aller-à aimerais [aux.] - moi-avec venir veux [aux.]
J'aimerais bien aller au cinéma. Tu as envie de m'accompagner ?

Kafe bat nahi duzu?
kafé bat' naï doussou
café un veux [aux.]
Tu veux prendre un café ?

Izozkirik nahi?
issoskirik naï
glace-de veux
Tu as envie d'une glace ?

Hondartzara joango al gara?
o'ndartsara yoa'ngo al gara
plage-la-à irons est-ce-que [aux.]
Si on allait à la plage ?

Elkarrekin joango gara suziriak ikustera iluntzean?
élkarréki'n yoa'ngo gara SHouziriak ikouSHtéra ilou'ntséa'n
l'un-l'autre-avec irons [aux.] feux-d'-artfice-les voir-pour soir-le-dans
On va voir les feux d'artifice ensemble ce soir ?

Exprimer l'indifférence / le doute

Nahi duzun bezala!
naï doussou'n béssala
veux [aux.] comme
C'est comme tu veux !

Zer egin dezakegu?
sèr égui'n déssakégou
quoi faire pouvons
Qu'est-ce qu'on peut bien faire ?

Ez zait axola!
étsaït achola
non [aux.]-à-moi importance
Je m'en fiche !

Berdin zait!
bèrdi'n saït'
égal [aux.]-à-moi
Ça m'est égal !

EZ ZAIT AXOLA!
(Je m'en fiche !)

hirurogeita bat   61

Ez dakit tutik ere.
èstakit' toutik éré
non sais absolument-rien aussi
Je n'en sais vraiment rien.

Zalantzan nabil oraindik.
sala'ntsa'n nabil oragndik
doutant marche encore
J'hésite encore.

Ez naiz oso ziur.
ènaïss oSHo siour
non suis très sûr
Je n'en suis pas très sûr.

Ezin dut erabakia hartu.
éssi'n dout' érabakia artou
impossibilité ai décision-la prendre
Je ne peux pas me décider.

Regretter, décliner une proposition

Damu naiz.
damou naïss'
repenti suis
Je regrette.

Sentitzen dut.
SHèntitssè'n dout'
désolé suis
Je suis désolé.

Ez dut inolako gogorik.
èstout' inolako gogorik
pas ai en-aucune-manière envie-de
Je n'en ai vraiment pas envie.

Ezta pentsatu ere!
èsta pè'ntSHatou éré
pas-est penser aussi
C'est hors de question !

Se fâcher

Nahikoa dut!
naïkoa dout'
assez ai
J'en ai marre !

Bai eta zer gehiago!
baïta sé guéyo
oui et quoi plus
Et puis quoi, encore !

Inola ere ez! Burutik jota zaude, ala?
inola éré èss bouroutik yota sawdé ala
jamais est aussi - tête-de frappée est ou
Jamais ! Ça ne va pas la tête, non !

Nahikoa da!
naïkoa da
assez est
C'est assez !

Nazkagarria da baina!
naskagarria da baïna
dégueulasse est mais
Mais c'est dégueulasse !

Izugarria! Hori lotsa!
issougarria ori lotSHa
horreur-la - cette honte
Quelle horreur ! C'est une honte !

Bai harrigarria!
baï arrigarria
oui incroyable
C'est incroyable, ça !

Gehiegi da!
guéyégui da
trop est
Ça dépasse les bornes !

Zeharo haserre nauzu!
sé'aro aSHérré nawssou
complètement fâché m'as-tu
Je suis très en colère !

Souhaiter, désirer

… nahiko nuke.
naïko nouké
voudrais [aux.]
J'aimerais bien que…

Hala balitz!
ala balits
comme-ça si-était-[aux.]
Si seulement !

Lortuko banu!
lortouko banou
obtenir-futur si-[aux.]
Pourvu que j'arrive à l'avoir !

Benetan gogoa dut!
bénéta'n gogoa dout'
vraiment envie-la ai
J'en ai vraiment envie !

Posible izango dela espero dut.
poSHiblé issa'ngo déla éSHpéro dout'
possible sera [aux.]-que espère [aux.]
J'espère que ce sera possible.

Exprimer sa surprise

Hara!
ara
voici
Ça alors !

Hau sorpresa!
aw SHorpréSHa
ceci surprise
Quelle bonne surprise !

Jauna!
yawna
Mon dieu !

Zer gertatu da?
sèr guértatou da guéro
quoi passé est
Qu'est-ce qui s'est passé ?

Ez da egia izango bada! Ez da posible!
èsta éguia issa'ngo bada èsta poSHiblé
ne est vrai sera oui - ne est possible
C'est pas vrai ! C'est pas possible !

Benetan?
bénéta'n
Vraiment ?

Ez dut sinesten!
èstout' SHinéSHtè'n
non [aux.] crois
Je n'y crois pas !

Se sentir mal

Ez nago ondo gaur. Hobe nuke etxera itzultzea.
ènago o'ndo gawr obé nouké étchéra itsoultséa
ne suis bien aujourd'hui - mieux j'aurais maison-la-à rentrer-de
Je ne me sens pas très bien aujourd'hui. Il vaut mieux que je rentre à la maison.

Ez nago batere ondo!
ènago batéré o'ndo
non suis du-tout bien
Je ne suis pas bien du tout !

Buruko minak jota nago!
bourouko mignak yota nago
tête-de maux-les frappé suis
J'ai un de ces maux de tête !

Nekatuta nago.
nékatouta nago
fatigué suis
Je suis fatigué.

Neke-neke naiz.
néké néké naïss'
fatigué - fatigué suis
Je suis crevé.

Ezin dut gehiago! Atseden hartu beharra dut.
éssi'n dout' guéyago atSHédè'n artou bé'arra dout'
impossibilité [aux.] plus ! repos prendre faut [aux.]
Je n'en peux plus ! Il faut que j'aille me reposer.

S'ennuyer

Ez zait batere interesatzen!
étsaït batéré i'ntéréSHatsè'n
non [aux.]-à-moi du-tout intéresse
Ça ne m'intéresse pas du tout !

Bai aspergarria!
baï aSHpèrgarria
oui ennuyeux-le
Qu'est-ce que je m'ennuie !

Ez du inolako interesik!
èstou inolako i'ntéréSHik
non a en-aucune-manière intérêt-de
C'est vraiment pas intéressant !

Ez dit gogorik ematen!
èstit' gogorik ématè'n
non [aux.]-à-moi envie-de donne
Ça ne me dit rien du tout !

hirurogeita bost

Zer duzu? Aspertzen ari zara?
sérdoussou aSHpèrtsè'n ari sara
quoi as - ennuyer en-train-de es
Qu'est-ce que tu as ? Tu t'ennuies ?

Exprimer une déception

Bai pena!
baï péna
oui peine
Quel dommage !

Lotsatuta nago!
lotSHatouta nago
honteux suis
J'ai honte !

Ez nuen horrelakorik espero!
ènou'è'n orrélakorik éShpéro
non avais comme-ça-de espéré
Je suis vraiment déçu !

Ez zuen merezi!
ètsou'è'n méréssi
non avait mérité
Ça ne valait vraiment pas la peine !

Dena den, ezin genuen ezer!
déna dè'n éssi'n guénou'è'n éssèr'
tout soit impossibilité avions rien
De toute façon, on ne pouvait rien y faire !

Jakin izan banu!
yaki'n issa'n banou
su eu si-avais
Si j'avais su !

Avoir peur

Beldur naiz!
bèldour naïss'
apeuré suis
J'ai peur !

Hori ikara!
ori ikara
cette frayeur
Quelle frousse !

66 hirurogeita sei

Hori beldurra izan dudana!
ori bèldourra issa'n doudana
cette peur-la eu ai-que-la
J'ai eu une de ces peurs !

Urduri nago!
ourdouri nago
inquiet suis
Je suis inquiet !

Izututa nago!
issoutouta nago
effrayé suis
Je suis effrayé !

Txarrenaren beldur naiz!
tcharrénarè'n béldour naïss'
mauvais-plus-du apeuré suis
Je crains le pire !

Compatir, consoler

Gaixoa! Ez du zorte onik!
gaïSHoa èstou sorté onik
pauvre-le - non a chance bonne-de
Le pauvre ! Il n'a vraiment pas de chance !

Hori zoritxarra!
ori soritcharra
ce malheur-le (sort-mauvais)
Quel malheur !

Benetan penagarria zara!
bénéta'n pénagarria sara
vraiment attristant-le es
Je te plains, vraiment !

Gizajoa! Bai tristea dela!
guissahoa baï triSHtéa déla
homme-pauvre - oui triste est-que
Mon pauvre ami ! Comme c'est triste !

Bihotzez nauzu zurekin!
biotssèss nawssou souréki'n
cœur-par [aux.]-m'as-tu toi-avec
Je suis de tout cœur avec toi !

Ez zaude bakarrik, badakizu!
ètsawdé bakarrik badakissou
non es seul oui-sais
Tu n'es pas tout seul, tu sais !

Ez larritu! Dena konponduko da!
èss larritou déna ko'npo'ndouko da
non énerver - tout-le arrangera [aux.]
Ne t'en fais pas ! Tout va s'arranger !

Zer edo zeren beharrik baduzu, hemen nauzu, badakizu!
séossérè'n bé'arrik badoussou émè'n nawssou badakissou
quoi ou quoi-de besoin-de si-as ici [aux.]-m'as-tu oui-sais
Si tu as besoin de quoi que ce soit, je suis là, tu le sais !

Tira, eutsi horri! Dena ondo izango da!
tira éoutSHi orri déna o'ndo issa'ngo da
allons tiens ça-à ! tout-le bien être-[futur] [aux.]
Allons, courage ! Tout va bien se passer !

Ez da horren larria! Txarrago izan liteke!
èsta orrè'n larria tcharrago issa'n litéké
non est tant urgent - mauvais-plus être aurait-pu-[aux.]
Ce n'est pas si grave ! Ça aurait pu être pire !

Juger, apprécier

Txakolina gustokoa dut oso!
tchakolina gouSHtokoa dout' oSHo
Txakoli-le plaisant-le ai très
J'aime beaucoup le txakoli* !

* Le txakoli est un vin blanc basque.

Koldo oso atsegina iruditzen zait!
koldo oSHo atSHéguigna irouditsè'n saït'
Koldo très sympa-le paraît [aux.]-à-moi
Je trouve Koldo très sympa !

Gorroto diet angulei!
gorroto dièt' a'ngoulèï
déteste [aux.] civelles-[aux.]
Je déteste les civelles* !

* Les civelles sont ces jeunes anguilles dont les Basques sont si friands. On les consomme surtout au moment des fêtes car leur prix au kilo avoisine celui du caviar ! En effet, non seulement leur pêche est-elle rigoureusement réglementée, mais les civelles se font de plus en plus rares et constituent une espèce protégée.

Ezin ditut korridak jasan!
éssi'n ditout' korridak yaSHa'n
impossibilité ai-[aux.-pl.] corridas-les subir
Je ne peux pas supporter la corrida !

Ezin dut Itziar jasan!
éssi'n dout' itsiar yaSHa'n
impossibilité ai Itziar subir
Je trouve Itziar insupportable !

atsegin	*atSHégui'n*	agréable
atsegin, maitagarri	*atSHégui'n, maïtagarri*	aimable
zakarra	*sakarra*	âpre, antipathique
eder	*édèr'*	beau
gusto oneko	*gouSHto onéko*	de bon goût
aspergarri	*aspérgarri*	ennuyeux
ikaragarri	*ikaragarri*	fantastique (effrayant)
izugarri	*issougarri*	horrible, énormément
jasanezin, pairaezin	*yaSHanéssi'n, païra'éssi'n*	insupportable
polit	*polit'*	joli
alai	*alaï*	joyeux
zatar	*satar*	laid, affreux
ezezkor	*éssèskor*	négatif

hirurogeita bederatzi

baikor	*baïkor*	positif
higuingarri	*igwi'ngarri*	répugnant
esnob	*éSHnob*	snob

Quelques expressions et mots grossiers

Attention ! Voici un court chapitre à ne pas mettre entre toutes les mains : les gros mots ! Qui peut se targuer de ne jamais en employer ! Bon, même si vous êtes très poli, il est important de pouvoir en reconnaître quelques-uns dans une langue étrangère. Pour dire la vérité, les Basques ne jurent pas beaucoup en euskera (ils utilisent le français ou l'espagnol pour cela !). Voici tout de même de quoi éclairer votre lanterne ! (Nous vous signalons les expressions les plus grossières par le symbole 💣. Vous comprendrez qu'il vaut mieux éviter d'en faire usage !) À bon entendeur…

Kaka zaharra! Kaka putza! 💣
kaka sa'arra kaka poutsa
merde vieille - merde gonflée
Merde !

Zoaz popatik hartzera! 💣
soass popatik artséra
va poupe-la en prendre
Va te faire foutre (enculer) !

Putaseme! 💣
poutaSHémé
pute fils
Fils de pute !

Barrenak kiskali dizkidazu!
barrénak kiSHkali diskidassou
intestins-les carboniser [aux.]-toi-moi
Tu me gonfles !

Zoaz pikutara!
soass pikoutara
va figues-aux
Fous-moi la paix !

Alu hori! 💣
alou ori
chatte quelle
Con !

Astapotro! 💣
aSHtapotro
âne couille
Connard !

Kokoteraino nago!
kokotéragno nago
joues-jusque ai
J'en ai marre !

UNE CONVERSATION SUR LES VACANCES

Oporretan zaudete?
oporréta'n sawdété
vacances-les-en êtes-(pl.)
Vous êtes en vacances ?

OPORRETAN ZAUDE?
(Vous êtes en vacances ?)

Bai, hiru aste opor ditugu Euskal Herrian.
baï irou aSHté oporr ditougou éwskalérria'n
oui trois semaines vacances avons basque pays-dans
Oui, nous avons trois semaines de vacances au Pays basque.

Gure herria atsegin duzue?
guré érria atSHéguin doussoué
notre pays-le plaît [aux.]-à-vous
Vous aimez notre pays ?

hirurogeita hamaika

Bai, oso. Natura, itsasoa eta mendiak izugarri maite ditugu.
baɲ oSHo. natoura itSHaSHoa éta mu'ndiak issougarri maɲté ditougou
oui très – nature-la mer-la et montagnes-les énormement aimons [aux.]
Oui, beaucoup. Nous adorons la nature, la mer et les montagnes.

Zer bisitatzeko asmoa duzue?
sér biSHitatséko aSHmoa doussoué
quoi visiter-de intention-la avez
Qu'est-ce que vous avez l'intention de visiter ?

Barkatu, zer?
barkatou sér
pardon quoi
Quoi ? Pardon ?

Zer bisitatuko duzue?
sér biSHitatouko doussoué
quoi visiter-[futur] [aux.]
Qu'allez-vous visiter ?

Ez dizut ulertzen. Mesedez, astiroago hitz egin.
esstissout' oulèrtsè'n. méSHédès' aSHtiroago itségui'n
non à-toi-[aux.] comprends – s'il-vous-plaît lentement-plus parole faire
Je ne vous comprends pas. Parlez plus lentement, s'il vous plaît.

Nora zoazte?
nora soasté
où-vers allez
Où allez-vous ?

Bilbora goaz, Guggenheim museoa bisitatzera.
bilbora goas' gouguè'nhéym mouSHéoa biSHitatséra
Bilbao-vers allons Guggenheim musée-le visiter-à
Nous allons à Bilbao, visiter le musée Guggenheim.

Hotelera joango zarete?
otéléra yoa'ngo sarété
hôtel-à l' aller-[futur] [aux.]
Vous irez à l'hôtel ?

Ez, lagunen etxera.
ès lagounè'n étchéra
non amis-de maison-la-à
Non, chez des amis.

LE TEMPS

En basque, il existe deux mots différents pour distinguer le temps "qui passe", **denbora**, du temps "qu'il fait", **eguraldia**. Attention à ne pas employer l'un pour l'autre !

Le temps qui passe

- **Les saisons**

Urtaroa	ourtaroa	Saison
negua	négoua	hiver
udaberria	oudabèrria	printemps
uda	ouda	été
udazkena	oudaskéna	automne

- **Les mois**

Hil, hilabete	il, ilyabété	Mois
urtarrila	ourtarrilya	janvier
otsaila	otSHaïlya	février
martxoa	martchoa	mars
apirila	apirilya	avril
maiatza	mayatsa	mai
ekaina	ékagna	juin
uztaila	oustaïlya	juillet
abuztua	aboustoua	août
iraila	iraïlya	septembre
urria	ourria	octobre
azaroa	assaroa	novembre
abendua	abè'ndoua	décembre
urte	ourté	an
egutegia	égoutéguia	calendrier

hirurogeita hamahiru

• La semaine

Aste	aSHté	Semaine
astelehena	aSHtélé'éna	lundi
asteartea	aSHtéartéa	mardi
asteazkena	aSHtéaskéna	mercredi
osteguna	oSHtégouna	jeudi
ostirala	oSHtirala	vendredi
larunbata	larou'nbata	samedi
igandea	iga'ndéa	dimanche
egun	égou'n	jour, aujourd'hui

Gaur, hilak 3, laneguna da.
gawrr ilyak irou lanégouna da
aujourd'hui mois-[erg.] 3 travail-jour-le est
Aujourd'hui, le trois du mois, c'est un jour ouvrable.

Ni 1968ko ekainaren 26ean jaio nintzen.
ni milya bédératsiéou'nda irourouguèitassortziko ékagnarè'n oguèïtaSHéïéa'n yayo ni'ntsè'n
je 1968-de juin-le-de 26-le-en né étais
Moi, je suis né le 26 juin 1968.

• Indications de temps

gaur	gawr	aujourd'hui
atzo	atso	hier
bart	érénégou'n	hier soir
herenegun	érénégou'n	avant-hier
bihar	bi'ar	demain
etzi	étsi	après-demain
etzidamu	étsidamou	dans trois jours
goizean	bart'	dans la matinée
arratsaldean	arratSHaldéa'n	dans l'après-midi
arratsean	arratSHéa'n	dans la soirée
ordu, oren	ordou, orè'n	heure
eguerdian	éguèrdia'n	à midi

gauerdian	*gawèrdia'n*	à minuit
aurten	*awrtè'n*	cette année
iaz	*ias'*	l'année dernière

Le temps qu'il fait

Le climat est assez complexe au Pays basque. Plutôt tempéré, avec des températures douces en hiver, il peut s'avérer parfois fort pluvieux. Il existe même un crachin très spécial, appelé le **zirimiri**, qui semble ne tomber que sur Donostia : une espèce de pluie fine multidirectionnelle, qui a le don de vous mouiller profondément, quel que soit votre moyen de protection ; quand tombe le **zirimiri**, inutile de sortir vos parapluies !

Zer eguraldi egingo du bihar?
sè égouraldi égui'ngo dou biarr
que temps faire-[futur] [aux.] demain
Quel temps fera-t-il demain ?

Bero dago gaur.
béro dago gawr
chaleur-la est aujourd'hui
Il fait chaud aujourd'hui.

Oso eguraldi hezea dago batik bat.
oSHo égouraldi éсséa dago batipat'
très temps humide est sur tout
C'est surtout très humide.

Hodei handiak daude.
odèï a'ndiak dawdé
nuages grands sont
Il y a de gros nuages.

Ekaitza dakar.
ékaytsa dakar
orage amène
Il va y avoir de l'orage.

Euria botako du beharbada.
éwria botako dou béarbada.
pluie jeter-[futur] [aux.] peut-être
Peut-être même y aura-t-il de la pluie.

Arratsa freskoagoa izango da.
arratSHa frèSHkoagoa issa'ngo da
soirée-la fraîche-plus être-[futur] [aux.]
La soirée sera plus fraîche.

• **Le ciel, les intempéries**

zaparrada	saparrada	averse
enbata	è'nbata	bourrasque
laino	layno	brouillard
bero	béro	chaud
hotz	ots	froid
izotz	issots	gel
txingor, kazkabar	tchi'ngorr, kaskabarr	grêle
ilargi	ilyargui	lune
elur	élourr	neige
hodei	odèy	nuage
ekaitz, trumoi	ékaïts, troumoï	orage
euri	èwri	pluie
ihintz	i'i'nts	rosée
eguzki, ekhi	égouski, éki	soleil
hozbero	ospéro	température
epel	épèl	tempéré
ekaitz, erauntsi	ékaïts, érawntSHi	tempête
haize	ayssé	vent

SE DÉPLACER AU PAYS BASQUE

Les transports publics

Malgré les transports en commun bien développés, la voiture reste le moyen le plus rapide de se déplacer un peu partout en

Euskal Herria. Côté français comme côté espagnol, le réseau routier est excellent : **autopistak**, *les autoroutes*, et **errepideak**, *les routes nationales* et *départementales*, tout est très bien entretenu. À signaler le coût extrêmement élevé de l'autoroute côté espagnol (l'un des tronçons les plus chers d'Europe !).

Quant aux villes, elles disposent toutes d'un très bon *réseau d'autobus* (**autobusak**). Bilbao possède un **metroa**, *métro*, ultra-moderne dont les stations, conçues par l'architecte britannique Norman Foster, font la fierté des habitants ainsi qu'un **tranbia**, *tramway*, magnifique qui serpente à travers la ville et qui permet, entre autres, de relier le récent **Euskalduna**, *auditorium et opéra*, à la vieille ville en passant par le musée Guggenheim, le long du fleuve Nervion dont les rives ont été récemment aménagées pour permettre aux promeneurs de flaner en toute tranquillité. En France, les villes sont reliées entre elles par des compagnies d'autocars ou par la SNCF. Nous vous recommandons l'ascension de la Rhune par le petit train à crémaillère dont le départ s'effectue à la gare du col Saint-Ignace, à environ une dizaine de kilomètres de **Donibane Lohitzun**, *St-Jean-de-Luz*, et à l'arrivée duquel, à plus de 900 mètres d'altitude, vous pourrez jouir d'un panorama époustouflant sur mer et montagnes.

Au Pays basque espagnol, les villes sont également reliées par des compagnies d'autocars, mais aussi par la compagnie **Eusko Trenbideak**, *chemins de fer basques*, qui possède une gare en territoire français, face à celle de **Hendaia**, *Hendaye*. De là, vous pourrez emprunter le **topo**, sorte de *train* (**trena**) de banlieue qui dessert les villes du littoral jusqu'à **Donostia**, *Saint-Sébastien*, ou le plus luxueux **Eusko Pullman** qui vous mènera jusqu'à **Bilbo**, *Bilbao*. Vous pourrez acheter vos **txartelak**, *billets*, soit auprès du **begiratzailea**, *contrôleur*, à bord du train, soit encore en **geltokia**, *gare*, au **leihatila**, *guichet*. Profitez-en pour consulter les **orduak**, *horaires*, ou pour vous procurer un dépliant avec les **ordutegia**, *horaires, planning*. Depuis Paris, pour vous rendre au Pays basque, vous pourrez prendre le TGV Atlantique depuis la gare Montparnasse ou l'avion depuis Orly jusqu'aux aéroports de **Miarritze**, *Biarritz*, ou de **Loiu**, en banlieue de Bilbao.

Barkatu, non da tren geltokia, mesedez?
barkatou no'n da trè'n guéltokia, méSHédès'
pardon où est train gare-la s'il-vous-plaît
Pardon, où se trouve la gare, s'il vous plaît ?

Eta bus geltokia?
éta bouSH guéltokia
et bus gare-la
Et la gare routière ?

Zoaz dena zuzen, eta ondoren ezkerrera eman eta bigarrena eskuinera.
soas' déna soussè'n éta o'ndorè'n éskérréra éma'n éta bigarréna éSHkouïnéra.
allez tout droit et ensuite gauche-la-à donner et deuxième-la-à droite-la-à
Allez toujours tout droit puis tournez à gauche et prenez la deuxième à droite.

Geltokia berehala dago, lehenengo biran.
guéltokia béréala dago lé'énè'ngo bira'n
gare-la tout-de-suite est premier virage-au
La gare se trouve tout de suite au premier virage.

Zer koloretakoa da?
sé kolorétakoa da
que couleur-de-le est
De quelle couleur est-elle ?

Horia da. Adreilu horizko eraikuntza da.
oria da. adréïlou orisko éraïkountsa da
jaune est - briques jaune-par-de immeuble-le est
Elle est jaune. L'immeuble est en briques jaunes.

• Les moyens de transport

itsasontzi	itSHaSHo'ntsi	bateau
lehenengo itsasontzi	lé'ènè'ngo itSHaSHo'ntsi	premier bateau
bizikleta, txirrindu	bissikléta, tchirri'ndou	bicyclette
autobus	awtobouSH	autobus, car
metro	métro	métro
azkeneko metro	askénéko métro	le dernier métro
motozikleta	motossikléta	moto
tren	trèn	train
kotxe, auto	kotché, awto	voiture
joan-etorri	yoa'n étorri	aller-retour
geldiunea	guéldiounéa	arrêt
bus geldiunea	bouSH guèldiounéa	arrêt d'autobus
azkeneko geldiunea	askénéko guéldiounéa	le dernier arrêt
hurrengo geldiunea	ourrè'ngo guéldiounéa	le prochain arrêt
helduera, iristera	éldouéra, iriSHtéra	arrivée
fardeleria	fardélèrla	bagages
begiratzailea	béguiratsaïléa	contrôleur
txirrindularitza	tchirri'ndoularitsa	cyclisme
irteera	irté'èra	départ
bigarren maila	bigarrè'n maïla	deuxième classe
zuzen	soussè' n	direct, droit
berandu	béra'ndou	tard
sarrera	SHarréra	entrée
irteera	irté'éra	sortie
semaforoa	SHémaforoa	feu de signalisation
erretzaile	érrétsaïlé	fumeur
tren geltokia	trè'n guéltokia	gare de chemin de fer
bus geltokia	bouSH guéltokia	gare routière
leihatila	léyatila	guichet
ordutegia	ordoutéguia	horaire

hirurogeita hemeretzi

informazioa	i'nformassioa	information
elkargunea	élkargounéa	liaison
makina	makina	locomotive
makina-gidaria	makina guidaria	machiniste
hartuta	artouta	occupé (pris)
trafiko-seinalea	trafiko SHégnaléa	panneau
fardel morroia	fardèl morroya	porteur
lehen maila	léé'n maïla	première classe
prezioa	préssioa	prix
nasa	naSHa	quai
trenbidea	trè'nbidéa	rails, chemin de fer
azkar	askar	rapide
txartela	tchartéla	ticket, billet
balixa, maleta	balicha, maléta	valise
bidaiari-bagoia	bidayari bagoïa	wagon

oinez joan	ognèss yoa'n	aller à pied
iritsi	iritSHi	arriver
aldatu	aldatou	changer
sartu	SHartou	entrer
irten, atera	irtè'n, atéra	partir, sortir
erreserba egin	érrèssèrba égui'n	réserver
gelditu	guélditou	s'arrêter
ez erre	èss érré	ne pas fumer

Donostiarako txartel bat.
donoSHtiarako tchartèl bat'
Saint-Sébastien-vers-de billet un
Un billet pour Saint-Sébastien.

Zer ordutan abiatzen da Baionako trena?
sé'ordouta'n abiatsé'n da bayonako tréna
que heure-la-dans part [aux.] Bayonne-de train-la
À quelle heure part le train pour Bayonne ?

Zer ordutan iristen da…
sè ordouta'n iriSHtè'n da
que heure-la-dans arrive [aux.]
À quelle heure arrive…

Donibane Garazira joan nahi dut.
donibané garassira yoa'n naï dout'
St-Jean-Pied-de-Port-à aller veux [aux.]
Je veux aller à St-Jean-Pied-de-Port.

Zenbat balio du bigarren mailako joan-etorriak?
sèm'bat' balio dou bigarrè'n maïlako yoanétorriak
combien coûte [aux.] deuxième-de classe-de aller-retour-le
Combien coûte un aller-retour en deuxième classe ?

Hurrengo geldiunean jaitsi nahi dut.
ourrè'ngo guéldiounéa'n yaïtSHi naï dout'
prochain-de arrêt-le-dans descendre veux [aux.]
Je veux descendre au prochain arrêt.

HURRENGO GELDIUNEAN JAITSI NAHI DUT.
(Je veux descendre au prochain arrêt.)

Non aldatzen da autobusez Iruñera joateko?
no'n aldatsè'n da awtobouSHés' irougnéra yoatéko
où change [aux.] bus-par Pampelune-à aller-pour
Où est-ce qu'on change de car pour aller à Pampelune ?

Nora doa bus hau? – Intxaurrondora doa.
nora doa bouSH aw? i'ntchawrro'ndora doa
où va bus ce - Intxaurrondo-à va
Où va ce bus ? – Il va à Intxaurrondo.

Aireporturako elkargunerik badago?
aïréportourako élkargounérik badago
aéroport-à-de correspondance-de oui-est
Y a-t-il une correspondance pour l'aéroport ?

Vous pourrez toujours *prendre un taxi* (**taxi bat hartu**) si vous le désirez. On en trouve facilement dans toutes les villes, tant côté français qu'espagnol. À noter que dans les deux pays, il faut les prendre dans une **taxien geltokia**, *station de taxis* ; les taxis n'acceptent pas toujours de s'arrêter quand on les hèle.

Prezioen karta ikusi nahi nuke.
présioé'n karta ikouSHi naï nouké
prix-les-de carte-la voir veux [aux.]
Je veux voir la carte des prix.

• **En avion**

aireportu	*aïréportou*	aéroport
bidai agentzia	*bidaï aguèntsia*	agence de voyages
korridorea	*korridoréa*	allée
abioi, hegazkin	*abioy, égaskign*	avion
txartel	*tchartél*	billet
fardel gurditxo	*fardèl gourditcho*	chariot à bagages
fakturatze leihatila	*faktouratsé lèïatila*	comptoir d'enregistrement
aduana	*adouana*	douane

maletak fakturatu	*malétak faktouratu*	enregistrer les valises
azafata	*assafata*	hôtesse de l'air
leiho	*léï'o*	hublot
hegaldi-panel	*égaldi panél*	panneau d'information des vols
bidaiari	*bidayari*	passager
pasaporte	*paSHaporté*	passeport
pilotu	*pilotou*	pilote
pisu	*piSHou*	poids
ate	*até*	porte
poltsa	*poltSHa*	sac
motxila	*motchila*	sac à dos
eserleku	*éSHérlékou*	siège, place
kontrol-dorre	*ko'ntrol dorré*	tour de contrôle
turista	*touriSHta*	touriste
maleta	*maléta*	valise
hegaldi	*égaldi*	vol

En voiture

Nous n'aborderons pas ici les problèmes que peut rencontrer l'automobiliste au Pays basque français. Il les connaît très bien. Signalons simplement que la plus grande prudence est de mise sur la Nationale 10, qui fut, avant sa lente transformation en quatre voies de type autoroute, l'une des routes les plus meurtrières de France. Côté espagnol, la circulation au Pays basque est intense, tant sur les autoroutes que sur les nationales. En effet, les routes basques permettent le transit entre Espagne, Portugal, Afrique du Nord et France. De nombreux poids lourds circulent, les gens roulent vite, les routes sont sinueuses et les virages souvent très escarpés. Soyez donc extrêmement vigilant ! Autrement, vous trouverez de nombreuses stations-service et vous ne manquerez pas d'observer, une fois franchie la frontière espagnole, que la signalisation sur autoroute est entièrement bilingue. Profitez-en pour pratiquer votre basque !

istripu	*iSHtripou*	accident
zerbitzugune	*sèrbitsougouné*	aire de service
kontuz, arriskua	*ko'ntouss', arriSHkoua*	attention, danger
auto, kotxe	*awto, kotché*	automobile
autopista	*awtopiSHta*	autoroute
auto-ilara	*awto-ilara*	bouchon
segurtasun uhal	*SHégourtaSHoun ou'al*	ceinture de sécurité
galtzada labaina	*galtsada labagna*	chaussée glissante
trafiko	*trafiko*	circulation
zulatuta troué	*soulatouta*	crevaison
martxan jarri	*martcha'n yarri*	démarrer
aurreratu	*awrrératou*	doubler
sarrera	*SHarréra*	entrée
gasolina	*gaSHolina*	l'essence
gasoila	*gaSHoïla*	le diesel
berunik gabeko gasolina	*bérougnik gabéko gaSHolina*	essence sans plomb
haizetako-garbigailu	*aïsétako garbigaïlou*	essuie-glace
keinukari	*kégnoukari*	feu clignotant
balazta	*balasta*	frein
garaje	*garaxé*	garage
koipe - olio	*koïpé, olio*	huile
debekatuta	*débékatouta*	interdit
garbiketa	*garbikéta*	lavage
mekanikaria	*mékanikaria*	mécanicien
motor	*motor*	moteur
matxura	*matchoura*	panne
trafiko seinale	*trafiko SHègnalé*	panneau de signalisation
kolpeleungailu	*kolpéléou'ngaïlou*	pare-chocs
aparkaleku	*aparkalétou*	parking
bidesari	*bidéSHari*	péage
faro	*faro*	phare

matrikula	*matrikoula*	plaque d'immatriculation
neumatiko	*néwmatiko*	pneu
hornitegi	*ornitégui*	pompe à essence
iheste-hodi	*i'èSHté odi*	pot d'échappement
ispilu	*iSHpilou*	rétroviseur
gurpil	*gourpil*	roue
irteera	*irté'éra*	sortie
aparkatzea	*aparkatséa*	stationnement
debekatuta	*débékatouta*	interdit
gasolindegi	*gaSHoli'ndégui*	station-service
lanak	*lanak*	travaux
tunel	*tounél*	tunnel
bihurgune	*biourgouné*	virage

Non dago garaje bat?
no'n dago garaxé bat'
où est garage un
Où y a-t-il un garage ?

Non dago aparkaleku bat?
no'n dago aparkalékou bat'
où est parking un
Où y a-t-il un parking ?

Ez dut gasolinarik.
èstout' gaSHolinarik
non ai essence-de
Je n'ai pas d'essence.

EZ DUT GASOLINARIK.
Je n'ai pas d'essence.

Nire kotxeak gasolina asko kontsumitzen du.
niré kotchéak gaSHolina aSHko ko'ntSHoumitsè'n dou
moi-de voiture-la essence beaucoup consomme [aux.]
Ma voiture consomme beaucoup d'essence.

Zein da gasolinaren prezioa?
sèyn da gaSHolinarè'n préssioa
quel est essence-la-de prix-le
Quel est le prix de l'essence ?

Bete ezazu, mesedez.
bétéssassou méSHédèss'
remplissez [aux.] s'il-vous-plaît
Faites-moi le plein, s'il vous plaît.

Mekanikari bat behar dut.
mékanikari bat' bé'ar dout'
mécanicien un besoin ai
J'ai besoin d'un mécanicien.

Kotxea ez dabil.
kotchéa èstabil
voiture-la non marche
Ma voiture est en panne.

Motorra konpondu didazu(e) jada?
motorra ko'npo'ndou didassou(é) yada
moto-la réparée vous-à-moi-[aux.] déjà
Ma moto est déjà réparée ?

Konponketa oso garestia/merkea da.
ko'npo'nkéta oSHo garèSHtia / mérkéa da
réparation-la très chère-la/bon-marché-le est
La réparation est très chère/bon marché.

Faktura xehea nahi dut.
faktoura ché'éa naï dout'
facture détaillée-la vouloir [aux.]
Je veux une facture détaillée.

PAYS, VILLES ET VILLAGES

Le Pays basque n'est pas une entité globale politiquement reconnue. De quoi parle-t-on au juste ? En basque, le mot **herri** peut signifier *le village*, *le peuple* comme *le pays* ("ville" ou "centre urbain" se dit en fait **hiri**, **hiribarne** ou **hirigune**). Les Basques appellent leur territoire **Euskal Herria**. Partagé entre France et Espagne, voici les divisions officielles qui forment ce pays.

• Côté français : aucune reconnaissance administrative d'un Pays basque. Ni département, ni région. Le Pays basque historique, avec ses trois anciennes provinces, *le Labourd*, **Lapurdi**, *la Basse Navarre*, **Behenafarroa**, et *la Soule*, **Zuberoa**, fait partie du département des *Pyrénées Atlantiques*, **Atlantikoko Pirinioetako departamendua**, lui-même entité de la région Aquitaine.

• Côté espagnol : d'une part, la *Communauté Autonome du Pays basque*, **Euskal Herriko Erkidego Autonomoa**, regroupant les territoires historiques de *Biscaye*, **Bizkaia**, de *Guipuzcoa*, **Gipuzkoa**, et d'*Alava*, **Araba**, et d'autre part, la *Communauté Forale de Navarre*, **Nafarroako Foru Erkidegoa**.

Tout cela est plutôt compliqué et illustre bien les vicissitudes historiques qu'eut à subir le pays.

De nombreux villages de montagne parsèment le Pays basque. Ci-après une liste parmi les plus connus.

- **Ezpeleta**, *Espelette*, est un gros village célèbre pour ses **ezpeletako piperrak**, *piments*, que l'on peut voir sécher sur la porte des maisons durant l'automne.

- **Baigorriko Doneztebe**, *Saint-Étienne-de-Baïgorry*, est également un charmant village dont il ne faut pas manquer de visiter l'église, typique par sa galerie qui fait face à l'autel. Le rôle des chœurs (parmi les meilleurs d'Europe) est central dans la culture basque et il n'est pas une église qui n'en possède. Vous pourrez également admirer dans les cimetières qui jouxtent les églises, les célèbres stèles funéraires représentant divers symboles solaires qui sont autant de réminiscences d'anciennes croyances basques qui voisinent, de manière complexe, le christianisme fortement implanté. Bien des églises de ces villages servaient d'étapes sur le chemin des pèlerins qui se rendaient en Galice, à Saint-Jacques-de-Compostelle. Saint-Étienne est également connu comme centre du vignoble d'Irouléguy, qui produit un vin rouge corsé. Ce furent les moines de Roncevaux qui plantèrent les premiers pieds de vigne au XIe siècle.

- **Sara**, *Sare*, véritable petit village d'opérette, avec ses maisons à colombages et ses façades blanchies à la chaux et ornementées de pans de bois rouge et vert, a servi de cadre au célèbre roman de Pierre Loti, *Ramuntcho*.

- …et bien sûr **Donibane Garazi**, *Saint-Jean-Pied-de-Port*, dont le nom n'a rien à voir avec la fameuse recette d'un certain restaurant des Halles de Paris !

En Navarre espagnole, signalons **Erronkari**, *Roncevaux*, qui vit la fameuse retraite qui opposa Roland aux Basques qui, à l'époque, surent se défendre avec succès de Charlemagne aussi bien que des invasions arabes ! Quant aux villes, voici les plus importantes, avec leur nom basque suivi de quelques clichés célèbres qui les caractérisent :

- **Baiona**, *Bayonne*, le jambon, la cathédrale, la féria…
- **Miarritze**, *Biarritz*, la plage, les boutiques, l'Hôtel du Palais, le surf…
- **Donibane Lohitzun**, *St-Jean-de-Luz*, les macarons, Maurice Ravel, la pêche au thon…
- **Hendaia**, *Hendaye*, la thalassothérapie, la ville frontière…
- **Hondarribia**, *Fontarabie*, le parador de Charles Quint, les pêcheurs…
- **Donostia**, *Saint-Sébastien*, la **Kontxa** (la célèbre baie en forme de *coquille* St-Jacques), les restaurants, les festivals de cinéma, de jazz, de musique classique…
- **Getaria** (attention ! Il y en a deux : *Guéthary* du côté français, *Guetaria* du côté espagnol), **Elkano** et **Balentziaga**, la plage, la ville où presque tout est en basque…
- **Bilbo**, *Bilbao*, la métropole, l'industrie, l'université de Deusto, les musées Guggenheim et des Beaux Arts…
- **Iruña**, *Pampelune*, les taureaux, les remparts, Sarasate…
- **Gasteiz**, *Vitoria*, la capitale de la Communauté Autonome du Pays basque…

Un tout petit mot de grammaire : pour dire "de Biarritz", "de Bilbao", "de St-Jean-de-Luz", il suffit d'ajouter le suffixe **-ko** au nom de la ville en basque. Ainsi, on aura :
Baionako autobusa : l'autobus de Bayonne
Bilboko Guggenheim Museoa : le musée Guggenheim de Bilbao
Donostiako hondartzak : les plages de Saint-Sébastien
Vous rencontrerez souvent écrites ces formes-là. Retenez-les !

En ville, en balade

Non dago…?	*no'n dago*	Où se trouve… ?
eskuinean	*èSHkouïnéa'n*	à droite
ezkerrean	*éskérréa'n*	à gauche
aurrean	*awrréa'n*	en face

dena zuzen	*déna soussè'n*	tout droit
zuzen-zuzen	*soussè'n soussè'n*	tout droit
beste aldean	*béSHté aldéa'n*	de l'autre côté
bazterrean	*bastérréan*	au coin
urrun	*ourrou'n*	loin
hurbil	*ourbil*	près

• **Repères géographiques**

zuhaitz	*sou'aïts*	arbre
etorbide, hiribide	*étorbidé, iribidé*	avenue, boulevard
eserleku	*éSHérlékou*	banc
banku	*ba'nkou*	banque
taberna	*tabèrna*	bar
postontzi	*poSHto'ntsi*	boîte aux lettres
denda	*dè'nda*	boutique
telefono-kabina	*téléfono kabina*	cabine téléphonique
kafetegi	*kafétégui*	café
bidegurutze	*bidégouroutsé*	carrefour
hiribarne	*iribnéa*	centre-ville
hiribarren	*iribarrén*	banlieue
gaztelu	*gastélou*	château
hilerri	*ilérri*	cimetière
zine	*siné*	cinéma
eliza	*élisa*	église
eskailera	*éSHkayléra*	escalier
pilotaleku	*pilotalékou*	fronton
ospitale	*oSHpitalé*	hôpital
hotel	*otél*	hôtel
eraikuntza	*èraïkou'ntsa*	immeuble
lorategi	*loratégui*	jardin
kiosko	*kioSHko*	kiosque à journaux
gurutze gorri	*gouroutsé gorri*	la Croix-Rouge

udaletxe, herriko etxe	*oudalétché, érriko étché*	mairie
etxe	*étché*	maison
azoka, merkatu	*assoka, mérkatou*	marché
monumentu	*monoumè'ntou*	monument, statue
museo	*mouSHéo*	musée
jauregi	*yawrégui*	palais
iragarki argitsu	*iragarki arguitSHou*	panneau lumineux
parke	*parké*	parc
aparkaleku	*aparkalékou*	parking
zebrabide	*sébrabidé*	passage zébré
pentsio	*pè'ntSHio*	pension
farmazia, botika	*farmassia, botika*	pharmacie
plaza - enparantza	*plassa, è'mpara'ntsa*	place
hondartza	*o'ndartsa*	plage
polizia	*polissia*	police
ertzaintza	*èrtsay'ntsa*	police basque
ertzain, polizia	*èrtsaïna, polissia*	policier
suhiltzaile	*SHou iltsaïlé*	pompier
paperontzi, zakarrontzi	*papèro'ntsi, sakarro'ntsi*	poubelle
ibilbide	*ibilbidé*	promenade
auzo	*awso*	quartier, voisinage
jatetxe	*yatétché*	restaurant
kaleargi	*kaléargui*	réverbère
karrikarte	*karrikarté*	rond-point
kale, karrika	*kalé, karrika*	rue
karrixka	*karrichka*	ruelle
hondamendi	*o'ndamè'ndi*	ruine
hipermerkatu	*ipèrmèrkatou*	supermarché
antzoki	*a'ntsoki*	théâtre
oinbide	*oynbidé*	trottoir
alde zahar	*aldé sa'arr*	vieille ville (centre historique)
erakusleiho	*érakouSH lèïoa*	vitrine

Sur la plage

Les **hondartzak**, *plages*, d'Euskal Herria sont célèbres à juste titre. Au nord, évidemment, la chic et célèbre plage de **Miarritze**, *Biarritz*, ou celle plus urbaine de **Donibane Lohitzun**, *St-Jean-de-Luz*, face à laquelle Maurice Ravel, qui était basque et bascophone, trouva souvent l'inspiration. Au sud, la magnifique **Kontxa** (baie en forme de coquillage) de **Donostia**, *Saint-Sébastien*, les plages de **Zarautz**, **Deba**, **Lekeitio**…

baloi	*baloy*	ballon
bikini	*bikini*	bikini
buia	*bouya*	bouée
txalupa	*tchaloupa*	canot
neumatiko	*néwmatiko*	pneumatique
kometa	*kométa*	cerf-volant
etzaulki	*étsawlki*	chaise longue, transat
maskor	*maSHkorr*	coquillage
arrisku	*arriSHkou*	danger
bandera hori	*ba'ndéra ori*	drapeau orange
bandera gorri	*ba'ndéra gorri*	drapeau rouge
bandera berde	*ba'ndéra bèrdé*	drapeau vert
banderak	*ba'ndérak*	drapeaux
igeritako gerruntze	*iguéritako guérrou'ntsé*	gilet de sauvetage
izozki	*issoski*	glace
irla, uharte	*iria, ou'arté*	île
eguzkitako betaurrekoak	*égouskitako bétawrrékoak*	lunettes de soleil
bainujantzi	*bagnou ya'ntsi*	maillot de bains
sorosle	*SHoroSHlé*	maître nageur
itsasbehera	*itSHaSHbé'éra*	marée basse
itsasgora	*itSHaSHgora*	marée haute
itsaso	*itchaSHo*	mer

igeri egin	*iguéri égui'n*	nager
ekitako, eguzkitako	*ékitako, égouskitako*	parasol
arrantza egin	*arra'ntsa égui'n*	pêcher
ur-pedalak	*our pédalak*	pédalo
itsasargi, faro	*itSHaSHargui, faro*	phare
hondartza	*o'ndartsa*	plage
murgildu	*mourguildou*	plonger
euri	*éwri*	pluie
kai	*kay*	quai, port
hondar, hare	*o'ndarr, aré*	sable
sandaliak	*SHa'ndaliak*	sandales
ibili	*ibili*	se promener
ur-eski	*our èSHki*	ski nautique
uhinak, olatuak	*ou'inak, olatouak*	vagues
haize	*aïssé*	vent
belauntzi	*bélaou'ntsi*	voilier

À la campagne, en montagne

loresorta	*loréSHorta*	bouquet
makil	*makil*	canne
zelai	*sélay*	champ
perretxikoak, onttoak	*pérrétchikoak, o'n'yoak*	champignons
bide	*bidé*	chemin
loreak bildu	*loréak bildou*	cueillir des fleurs
soro	*SHoro*	culture (champ cultivé)
hosto	*oSHto*	feuille (d'arbre)
lore	*loré*	fleur
gidari	*guidari*	guide
belar	*bélarr*	herbe
laku	*lakou*	lac
aintzira	*ayntsira*	marécage
mendi	*mè'ndi*	montagne

elur	*élourr*	neige
hodei	*odéy*	nuage
amuz arrantza egin	*amouss arra'ntsa égui'n*	pêcher à la ligne
zubi	*soubi*	pont
perretxiko bila joan	*pérrétchiko bila yoa'n*	ramasser des champignons
ibilaldi	*ibilaldi*	randonnée
ibai	*ibay*	rivière
motxila	*motchila*	sac à dos
eski	*éSHki*	ski
eguzki, eki	*égouski, éki*	soleil

SPORTS ET LOISIRS

Les Basques sont en général sportifs et les **Herri kirolak**, *sports traditionnels*, font partie du paysage et de la culture d'**Euskal Herria**. Naturellement, on connaît bien la **zezenketa**, *corrida*, ou la **pilota**, *pelote*. Mais il existe aussi de nombreux sports, pratiqués de différentes manières selon les coutumes de chaque village. Ces **kirolak**, *sports*, rappellent plus ou moins d'anciens rites corporatifs de métier. Chaque année, de nombreux **herriak**, *villages*, organisent des festivals de la *Force Basque*. Durant l'été, les meilleurs hommes des villages alentour s'affrontent sur le **udal pilotalekua**, *fronton municipal*, en différentes épreuves de force.

• **Soka tira**, *tir à la corde* : chaque équipe s'efforce d'amener l'équipe adverse dans son camp en tirant sur une corde.

• **Zakulari**, *porteurs de sacs* : les concurrents font une course en transportant sur leurs épaules un lourd sac de blé.

• **Haizkolari** : des bûcherons doivent couper à la hache le plus vite possible des billots de bois.

- **Harrijasotzaile** : des leveurs de pierres s'affrontent ; le vainqueur est celui qui sera capable de lever la pierre la plus lourde.

- La **zezenketa**, *corrida*, est également fort appréciée au Pays basque. La féria de Bayonne est à juste titre célèbre. La tradition taurine dans cette ville remonterait au XIIe siècle. De nos jours, les corridas ont lieu en août et en septembre. Elles attirent une foule nombreuse, et la ville se met aux couleurs de la fête : pendant les cinq jours des fêtes de Bayonne, les rues sont noires de monde. On y trouve tout ce qui fait la spécificité du Pays basque : artisanat, produits du terroir, groupes folkloriques. Et bien sûr, le clou du spectacle, le lâcher de vachettes qui met en ébullition bien des touristes téméraires. On trouve également ce type de spectacle dans de nombreuses villes du Pays basque espagnol. Le plus célèbre lâcher de taureaux est sans conteste celui de **Iruña**, *Pampelune*, qui a lieu le 7 juillet, jour de **San Ferminak**, *San Fermin*. On mène alors les taureaux aux arènes par les rues de la ville, qui sont fermées pour l'occasion, et les plus courageux courent devant. **Donostia**, *Saint-Sébastien*, a renoué avec sa tradition taurine. En effet, en août 1998 ont été inaugurées les nouvelles arènes de **Ilunbe** qui offrent des corridas de première catégorie.

- La **pilota**, *pelote basque*, est, avec le béret et la **makila**, la fameuse *canne basque*, la carte postale du Pays basque ! Il est vrai que c'est là un sport très ancien et fort pratiqué dans tout le pays. Il n'est pas un village qui n'ait son **pilotaleku**, *le fronton*, mur en plein air de 10,50 m de haut face à une aire de jeu en terre battue ou en ciment de 35 à 100 m de long et 16 m de large. Les origines de la pelote basque remonteraient à l'ancien jeu de paume français et il en est fait mention pour la première fois au XVe siècle. Il se développa surtout au cours du XIXe avec l'invention de la chistera d'osier et de châtaignier. Le *joueur de pelote basque* s'appelle le **pilotari**. Il existe plusieurs spécialités de pelote basque : la Main nue, la Chistera, la Cesta punta, le Joko garbi, la Pasaka, etc. De nombreuses compétitions sont organisées tout au long de l'année et il se trouvera toujours un endroit où vous pourrez assister à un match de ce noble jeu.

• Le sport intellectuel est aussi une passion des Basques. Ainsi en va-t-il des joutes de **bertsolari**, étonnants *poètes* qui improvisent des vers scandés sur des thèmes politiques, culturels ou domestiques, selon des règles extrêmement strictes de versification et de chant. Ces performances sont très appréciées des Basques et donnent lieu à des manifestations auxquelles se pressent des foules nombreuses. Les meilleurs **bertsolari** sont de véritables stars au Pays basque. La télévision basque, qu'il s'agisse de **FR3 Euskal Herria** côté français, ou d'**Euskal Telebista** côté espagnol, ne manque jamais d'en diffuser les meilleurs moments.

• Si certains Basques s'adonnent volontiers à la passion du jeu, le **mus**, jeu de cartes typique, demeure celui qu'ils préfèrent. Il se joue à quatre. Les joueurs forment deux équipes et lancent des paris fondés sur les bonnes cartes qu'ils ont en main ou… qu'ils n'ont pas. C'est avant tout un jeu de stratégie et de bluff, et les mensonges vont bon train. Il existe par ailleurs tout un code de signes faciaux autorisés afin de prévenir son partenaire de ce que l'on a ou de ce que l'on n'a pas. On y joue dans les bars, les cafés, dans la rue et ce jeu fait partie du paysage basque un peu comme la pétanque fait partie de la culture du Midi.

Les Basques adorent fêter toutes sortes d'événements. Côté espagnol, ce sont des couche-tard. Le mois d'août, consacré à la Vierge Marie, est particulièrement propice aux **jaiak**, *fêtes*. Parmi les plus célèbres, citons les Fêtes de la Vierge Blanche de Vitoria, la **Aste nagusia**, *Semana Grande*, de Bilbao et surtout celle de **Donostia** qui attire pendant une semaine une foule incroyablement dense, qui se dore sur les plages l'après-midi et entame des nuits sans sommeil à partir de 19h00. Ces fêtes sont rythmées par l'extraordinaire festival international de feux d'artifice (**suziriak**). Chaque soir, vers 23h00, des feux d'une durée d'une demi-heure sont tirés au-dessus de la mer, devant l'hôtel de ville. C'est alors toute la baie qui se trouve illuminée. À ne pas manquer si vous passez par là.

LA CULTURE

Bayonne est la capitale culturelle d'Euskadi Nord, comme **Donostia**, *San Sebastian*, et Bilbao le sont pour Euskadi Sud. Elle est célèbre pour sa cathédrale, ses jambons, ses fêtes, mais aussi pour ses musées. Le **Euskal Museoa**, *Musée Basque*, bien sûr, qui présente tous les aspects de la civilisation basque aussi bien dans le présent qu'au travers de son histoire, et le Musée Bonnat, l'un des plus riches de France, constitué de legs et des collections privées de son donateur, Léon Bonnat. La ville de Bayonne construisit un splendide bâtiment pour accueillir ces chefs-d'œuvre, tous présentés selon les derniers cris de la muséologie.

Parmi les autres centres d'art majeurs d'Euskal Herria, signalons le **Gasteizko Arte Ederren Museoa**, *Musée des Beaux Arts de Vitoria*, cette dernière étant la capitale administrative de la Communauté Autonome du Pays basque (côté espagnol), ainsi que le **Bilboko Guggenheim Museoa**, *Musée Guggenheim de Bilbao*, et le **Bilboko Arte Ederren Museoa**, *Musée de Beaux Arts de Bilbao*, Bilbao étant la métropole financière et portuaire du pays. Le musée Guggenheim, conçu par Frank Gehry (célèbre architecte américain auquel on doit, entre autres, la nouvelle Cinémathèque française de Paris-Bercy) est à juste titre considéré comme l'un des plus extraordinaires fleurons de l'architecture du xxe siècle. Ce bâtiment de titane, aux formes multiples (véritable caméléon de structures époustouflantes – pétales de fleur ou gigantesque navire, selon la perspective – qui se joue de l'espace comme de la lumière) renferme des collections d'artistes basques (tels Chillida, Oteiza), espagnols et internationaux de renom. De grandes expositions sont organisées par la maison mère, située à New York.

Depuis l'inauguration du Musée, Bilbao, qui pendant des années avait pu être considérée comme une ville sinistre, est devenue l'une des villes les plus "branchées" d'Europe. Elle a su tirer parti de son architecture industrielle et bourgeoise. De nombreux travaux, tels le nouvel opéra, le palais des congrès, le nouveau métro à la conception résolument moderne, l'aéroport en expansion, font du Bilbao d'aujourd'hui la grande métropole basque aux allures internationales.

Il n'existe malheureusement presque pas de salles de cinéma, au Pays basque, qui projettent des films en langue basque. Il faut dire que la production cinématographique basque est très limitée. De fait, c'est surtout la télévision basque qui produit des téléfilms en basque. Le meilleur moyen de voir une fiction est donc d'allumer son poste de télévision ou de mettre un DVD dans son lecteur, en choisissant la version basque du film. De plus en plus de DVD sont produits proposant un doublage ou des sous-titres en basque. Le manque de films tournés directement en Euskera est étonnant lorsque l'on songe que le Festival International de Saint-Sébastien, qui a lieu chaque année au mois de septembre, est l'un des meilleurs du monde ! Le théâtre en langue basque, mal diffusé, bénéficie de circuits locaux. Côté français, vous pourrez assister à quelques pastorales, qui narrent des légendes du pays ou quelques hauts faits historiques ou politiques. Ces représentations peuvent durer plusieurs heures et donnent lieu à de nombreuses réjouissances.

La vie musicale, en revanche, est riche. Bilbao possède un théâtre célèbre (l'**Arriaga**, du nom du célèbre compositeur basque qui mourut à Paris à l'âge de vingt ans) et le tout nouvel opéra au palais **Euskalduna** n'est pas en reste avec le théâtre **Victoria Eugenia** et l'auditorium **Kursaal** de Saint-Sébastien. De nombreux concerts et des opéras sont montés, et une place importante est donnée à la musique basque. Plusieurs grands festivals de musique ont lieu au Pays basque, aussi bien consacrés à la musique classique :

– la Quinzaine Musicale de Saint-Sébastien – **Donostiako Musika Hamabostaldia** ;
– le festival "Musiques en Côte Basque" à St-Jean-de-Luz ;
– **Musikaste** à Errenteria – qui consacre une semaine aux musiques basques depuis le xve siècle ;
– et le Festival de Musique d'Aujourd'hui à Vitoria-Gasteiz,

… qu'au jazz (les festivals de Vitoria et de Saint-Sébastien, largement diffusés à la radio et à la télévision nationales).

Parmi les grands compositeurs classiques basques, citons Juan de Antxieta, Juan Crisóstomo Arriaga, Maurice Ravel, Luis de Pablo ou parmi la jeune génération, Zurine Gerenabarrena, Gabriel Ertoreka ou Ramon Lazkano. La musique traditionnelle basque reste très vivante, avec de nombreux groupes qui se produisent un peu partout dans le pays et qui flirtent avec le cross-over (**Oskorri**, **Kepa Junkera**…). La musique folklorique basque possède des instruments qui lui sont propres : le **txistu** (instrument à vent en bois dont on joue d'une seule main), la **dultzaina** (une sorte de chalumeau conique très populaire en Navarre), l'**alboka** (un cousin éloigné du hautbois et du cor, composé de deux anches) et la **txalaparta** (musique rythmique obtenue par la frappe de planches de bois à l'aide de bâtons de bois). Quant à la musique populaire, elle reste omniprésente, surtout en période de fêtes, et même si le rock radical basque si répandu dans les années 1980 semble s'émousser un peu, des chanteurs poètes influencés par Brel et Brassens dans les années 1970 tels que Xabier Lete, Benito Lertxundi, Gorka Knörr ou le phénoménal Mikel Laboa jouissent toujours d'une énorme popularité.

dantzaldi	da'ntsaldi	bal
kanta, kantu, abesti	ka'nta, ka'ntou, abéSHti	chant
abesle	abéSHlé	chanteur
zine	siné	cinéma
kontzertu, emanaldi	ko'ntsèrtou, émanaldi	concert, séance
dantza	da'ntsa	danse
diskoteka	diSHkotéka	discothèque
-aldi	aldi	festival, période
jai, festa	yay, fèSHta	fête
filma	filma	film
musika klasiko	mouSHika klaSHiko	musique classique
opera	opéra	opéra
orkestra	orkéSHtra	orchestre
pastoral	paSHtoral	pastorale
antzezlan	a'ntsèssla'n	pièce de théâtre
kirol	kirol	sport
antzerki	a'ntsèrki	théâtre (art)
antzoki	a'ntsoki	théâtre (lieu)

Zer ordutan/orenetan dira suziriak?
sé ordouta'n/orénéta'n dira SHoussiriak
que heure-dans/heure-dans sont feux-d'artifice-les
À quelle heure ont lieu les feux d'artifice ?

Non da antzorkia? Zinea?
no'n da a'ntsokia sinéa
où est théâtre-le - cinéma-le
Où est le théâtre ? Le cinéma ?

Azokako enparantzatik hurbil dago.
assokako e'mpara'ntsatik ourbil dago
marché-du place-la-depuis près est
Il se trouve près de la place du marché.

Bada festarik gaur arratsean?
bada fèSHtarik gawrr arratSHaldéa'n
oui-est fête-de aujourd'hui soir-le-en
Y a-t-il des fêtes ce soir ?

BADA FESTARIK GAUR ARRATSEAN?
(Y a-t-il des fêtes ce soir ?)

L'HÉBERGEMENT

En dehors des hôtels traditionnels et des petites pensions de famille, semblables à l'offre hôtelière du reste de l'Europe, signalons le développement spectaculaire, depuis quelques années, du tourisme rural, où l'on peut être logé dans une ferme ou une maison basque traditionnelle et s'adonner à toutes sortes d'activités sportives et culturelles. On peut combiner ce genre de séjour avec un programme d'immersion linguistique, une excellente manière d'approfondir son basque et s'initier aux modes de vie basques. Quant au logement, il atteint des sommets sur le marché immobilier dans les régions de Biarritz et de Donostia. Beaucoup de Basques côté espagnol sont propriétaires de leur logement, et le marché locatif est très restreint. Il devient dès lors assez difficile de louer un appartement pour les vacances.

apartamendu	*apartamè'ndou*	appartement
ostatu	*oSHtatou*	auberge
gazteen ostatu	*gasté'è'n oSHtatou*	auberge de jeunesse
tindategi	*ti'ndatégui*	blanchisserie
kanpin	*ka'npign*	camping
karabana	*karabana*	caravane
erreserba egin	*érréSHèrba égui'n*	faire une réservation
hotel	*otél*	hôtel
etxe	*étché*	maison
denda jarri	*dè'nda yarri*	monter une tente
komuneko papera	*komounéko papéra*	papier-toilette
pentsio	*pè'ntSHio*	pension
gosari	*goSHari*	petit déjeuner
harrera	*arréra*	réception
denda	*dè'nda*	tente

Gela bat nahiko nuke.
guéla bat' naïko nouké
chambre-la une voudrais [aux.]
Je désire une chambre.

Ohe bakarreko gela nahiko nuke.
oé bakarréko guéla naïko nouké
lit seul-le-de chambre-la voudrais [aux.]
Je désire une chambre à un lit.

Ohe bikoitzeko gela nahiko nuke.
oé bikoïtséko guéla naïko nouké
lit double-le-de chambre-la voudrais [aux.]
Je désire une chambre à deux lits.

Bainugela duen gela nahiko nuke.
bagnouguéla douè'n guéla naïko nouké
bains-salle-la a-qui chambre-la voudrais [aux.]
Je désire une chambre avec salle de bains.

Kalera ematen duen gela nahiko nuke.
kaléra ématè'n douè'n guéla naïko nouké
rue-la-vers donne [aux.]-qui chambre-la voudrais [aux.]
Je désire une chambre qui donne sur la rue.

Patiora ematen duen gela nahiko nuke.
patiora ématè'n douè'n guéla naïko nouké
cour-la-vers donne [aux.]-qui chambre-la voudrais [aux.]
Je désire une chambre qui donne sur la cour.

Itsasorako ikuspegia duen gela nahiko nuke.
itSHaSHorako ikouspéguia douè'n guéla naïko nouké
mer-la-vers-de vue-la a-qui chambre-la voudrais [aux.]
Je désire une chambre avec vue sur la mer.

Mendietarako ikuspegia duen gela nahiko nuke.
mè'ndiétarako ikouSHpéguia douè'n guéla naïko nouké
montagnes-les-vers-de vue-la a-qui chambre-la voudrais [aux.]
Je désire une chambre qui donne sur les montagnes.

Zerbitzua eta zergak barne?
sèrbitsoua éta sèrgak barné
service-le et taxes-les dedans
Le service et les taxes sont-ils compris ?

Zein da prezioa?
sèyn da préssioa
quel est prix-le
Quel est le prix ?

Zortzietan / Ordu batean iratzar nazazu.
sortsiéta'n / ordou batéa'n iratsar nassassou
huit-les-en / heure une-la-dans réveille-moi [aux.]
Réveillez-moi à 8 heures / à 1 heure.

Kontua nahiko nuke.
ko'ntoua naïko nouké
note-la voudrais [aux.]
Je voudrais la note.

MANGER ET BOIRE

La gastronomie basque

Le pays basque est célèbre pour sa gastronomie à base, en général, de poissons et de fruits de mer. Dans les terres, on sert surtout des viandes. Les **arrainak**, *poissons*, sont servis **erreak**, *grillés*, ou préparés dans des sauces légères, au persil (merlu à la "koskera"), ou avec des **txirlak**, *amandes de mer*, ou encore accomodés de bien d'autres délicieuses manières. Au restaurant, on commande souvent en entrée des salades ou encore des **piper beteak**, *poivrons farcis de viande*, ou de poisson , ou encore des **nahaskiak**, *œufs brouillés avec divers poissons*. Comme plat principal, il ne faut surtout pas manquer de goûter aux extraordinaires **txipiroiak tintan**, *poulpes dans leur encre*… Il existe de nombreuses **gastronomi elkarteak**, *confréries gastronomiques* : les hommes se réunissent dans des clubs, cuisinent eux-mêmes et dégustent entre eux leurs propres plats. **On egin!**, *Bon appétit !*

Une recette traditionnelle

Txipiroiak tintan
tchipiroyak tin'tan'
chipirons-les encre-la-en
Chipirons à l'encre

Et si vous essayiez de réussir cette fameuse recette du Pays basque, tant espagnol que français ! Attention cependant de ne pas faire brûler la sauce ! Nous vous donnons les ingrédients en basque pour vous permettre de faire vos courses au marché… en basque !

lau kiderentzat:
law kidérèn'tsat'
quatre personnes-pour
pour quatre personnes :

– 32 txipiroi txiki
oguèytamabi tchipiroï tchiki
32 petits chipirons (chipiron petit)*

– 3 piper berde
irou pipèr' bèrdé
3 poivrons verts (poivron vert)

– 2 tipula
bi tipoula
2 oignons

– 3 baratxuri atal
irou baratchouri atal
3 gousses d'ail (ail gousse)

– 2 tomate
bi tomaté
2 tomates

* Remarquez qu'en basque, après une quantité exprimée en chiffres, les mots ne se mettent pas au pluriel. Il s'agit d'une notion collective, qualifiée par un nombre. L'une des nombreuses et ô combien mystérieuses subtilités de la langue euskarienne !

- **baso bat ardo zuri (txakolina hobe)**
  baSHo bat' ardo ssouri (tchakoligna obé)
  1 verre de vin blanc sec (du txakoli de préférence)
  (verre un vin blanc (txakoli mieux))

- **15 cl oliba olio**
  amaboSHt' sè'ntilitro oliba olio
  15 cl d'huile d'olive (olive huile)

- **gatza**
  gatsa
  sel

Retirer la peau des chipirons ainsi que les yeux et les tentacules. Réserver l'encre à part, en prenant soin de ne pas faire éclater les petites poches très fragiles qui la contiennent, et bien nettoyer l'animal !

Mettre 5 cl d'huile dans la poêle, la moitié d'un oignon, un poivron vert et une gousse d'ail finement coupés. Faire revenir à feu doux jusqu'à ce que l'oignon soit doré. Ajouter alors les tentacules et faire revenir à feu vif. Une fois bien doré, retirer du feu et en farcir les chipirons que l'on fermera à l'aide d'un cure-dent.

Mettre ce qui reste d'huile dans une casserole. Ajouter les oignons, les poivrons verts, l'ail et les tomates, coupés finement. Faire revenir rapidement et y ajouter les chipirons farcis. Laisser mijoter quelques minutes puis verser le vin blanc et laisser cuire doucement pendant 10 minutes.

Réserver les chipirons dans un plat. Lier la sauce avec l'encre. Passer au chinois et laisser cuire jusqu'à ce que la sauce aquière l'onctuosité désirée. Napper les chipirons avec la sauce et servir bien chaud.
Bon appétit !

Au restaurant

gosari	*goSHari*	petit déjeuner
bazkari	*baskari*	déjeuner
afari	*afari*	dîner

plater	*platér*	assiette
karta	*karta*	carte
labana	*labana*	couteau
goilare	*goïlaré*	cuiller
kafe goilare	*kafé goïlaré*	cuiller à café
azkenburuko	*askè'nbourouko*	dessert
sardeska	*SHardéSHka*	fourchette
bazkalaurreko	*baskalawrréko*	hors-d'œuvre
menu	*ménou*	menu
azpil	*aspil*	plat
ontzi, baso	*o'ntsi, baSHo*	verre

Bazkaria, zer ordutan da?
baskaria sè ordouta'n da
déjeuner-le que heure-en est
À quelle heure est le déjeuner ?

… eta afaria?
éta afaria
et dîner-la
… et le dîner ?

Lauentzako mahairik baduzue, mesedez?
lawèntsako ma'ayrik badoussoué méSHédès'
quatre-les-pour table-de oui-avez s'il-vous-plaît
Avez-vous une table pour quatre, s'il vous plaît ?

ehun eta zazpi 107

LAUENTZAKO MAHAIRIK BADUZUE, MESEDEZ?
(Avez-vous une table pour quatre, s'il vous plaît ?)

Bientzako/lauentzako/seientzako mahaia gorde dut.
bièntsako/lawèntsako/SHèyentsako ma'aya gordé dout'
deux-pour/quatre-pour/six-pour table-la réservée ai
J'ai réservé une table pour deux/quatre/six personnes.

Menua ekar dezakezu, mesedez?
ménoua ékar déssakéssou méSHédès'
menu-le apporter pouvez s'il-vous-plaît
Pourriez-vous apporter le menu, s'il vous plaît ?

Aperitiborik nahi duzue?
apéritiborik naï doussoué
apéritif-de voulez [aux.]
Désirez-vous un apéritif ?

Beste botila bat ekar dezakezu, mesedez?
béSHté botila bat' ékar déssakéssou méSHédès'
autre bouteille une apporter pouvez s'il-vous-plaît
Pouvez-vous apporter une autre bouteille ?

Azkenburukorik hartuko duzue?
askè'nbouroukorik artouko doussoué
dessert-du prendrez [aux.]
Prendrez-vous un dessert ?

Likorerik nahi duzue?
likorérik naï doussoué
digestif-du voulez [aux.]
Voulez-vous un digestif ?

Gatza eta piperrautsa ekar ditzakezu*, mesedez?
gatsa éta pipèrrawtsa ékar ditsakéssou méSHédus'
sel-le et poivre-le apporter pouvez s'il-vous-plaît
Pourriez-vous m'apporter le sel et le poivre ?

* Remarquez que l'auxiliaire qui traduit "pouvez", **ditzakezu**, a changé de forme par rapport aux deux phrases précédentes. Pourquoi ? Parce que le complément est pluriel (le sel et le poivre). Or, en basque, les auxiliaires s'accordent non seulement avec les sujets, mais aussi avec les compléments. Allons ! Trêve de grammaire !

Kontua ekarriko didazu, mesedez?
ko'ntoua ékarriko didassou méSHédès'
addition-la apporterez à-moi-[aux.] s'il-vous-plaît
Pourriez-vous m'apporter l'addition, s'il vous plaît ?

Il convient ici de faire une différence entre Pays basque français et Pays basque espagnol. Côté français, les tournures sont plus formelles, surtout dans un restaurant de ville (ou de toute façon, il y a peu de chance pour qu'on vous réponde en basque). Dans un restaurant plus typique, on sera d'autant plus familier et moins déférent. Côté espagnol, c'est la familiarité qui l'emporte, que l'on soit dans une **sagardotegi**, *cidrerie*, ou dans un **jatetxe**, *restaurant*. Quoi qu'il en soit, la langue basque use bien moins que le français de tournures ampoulées.

Petit lexique culinaire

Haragi	aragui	Viande
arkume	arkoumé	agneau
xerra	chérra	bifteck
behiki	bé'iki	bœuf
saiheski	SHayéSHki	côtelette
zerri	sérri	porc
oilaskoa	oïlaSHkoa	poulet
piperrekin	pipèrréki'n	basquaise
oilasko erre	oïlaSHko érré	poulet rôti
txahal(ki), zekor(ki)	tcha'al(ki), sékor(ki)	veau

Lukainka	loukaynka	Charcuterie
odolki	odolki	boudin
txorizo	tchorisso	chorizo
Baionako	bayonako	jambon de
urdaiazpiko	ourdayaspiko	Bayonne
solomo	SHolomo	lomo*
saltxitxoi	SHaltchitchoy	saucisson
pintxo(ak)	pi'ntcho(ak)	tapas *(pl.)*
etxeko ("de-la-maison")	étchéko	fait maison

* charcuterie à base de porc typiquement espagnole

Arrain	array'n	Poisson
antxoa	a'ntchoa	anchois
bisigu	biSHigou	dorade
itsas zapo	itSHaSH sapo	lotte
legatz	légats	merlu
bakailao	bakaïlao	morue
sardina	SHardigna	sardine
izokin	issokign	saumon
mihiarrain	mi'iarray'n	sole
amuarrain	amouarray'n	truite

Itsaski	itSHaSHki	Crustacés, fruits de mer
txirla	tchiria	amande de mer
txangurro	tchangourro	araignée de mer
karramarro	karramarro	crabe
izkirak	iskirak	crevettes
abakando, misera	abaka'ndo, michéra	homard
ostrak	oSHtrak	huîtres
otarrain	otarray'n	langouste
muskuilu(ak)	mouSHkouylou(ak)	moule(s)
olagarro	olagarro	poulpe
txipiroi	tchipiroy	calamar

Barazki(ak)	baraski(ak)	Légumes
baratxuri	baratchouri	ail
orburu	orbourou	artichaut
zainzuri	saynssouri	asperge
brokoli	brokoli	brocoli
azenario	assénario	carotte
aza	assa	chou
azalore	assaloré	chou-fleur
kulatxo, kalabazin	kulatcho, kalabassin	courgette
leka(k)	léka(k)	haricot(s) vert(s)
uraza	ou'assa	laitue
arto	arto	maïs
erremolatxa	érrémolotcha	navet
tipula	tipoula	oignon
oliba	oliba	olive
ilar(rak)	ilar(rak)	petit(s) pois
piperrada	pipérrada	piperade
porru	porrou	poireau
piperra	pipèrra	poivron
patata	patata	pomme de terre
arroz	arross	riz
entsalada	è'ntSHalada	salade
tomate	tomaté	tomate

ehun eta hamaika

Fruitu(ak)	frouytou(ak)	Fruit(s)
banana	*banana*	banane
gerezi	*guéréssi*	cerise
limoi	*limoï*	citron
marrubi	*marroubi*	fraise
marrubitxo	*marroubitcho*	fraise des bois
magurdi	*magourdi*	framboise
laranja	*lara'n'ya*	orange
mertxika	*mèrtchika*	pêche
madari	*madari*	poire
sagar	*SHagarr*	pomme
mahats	*ma'atSH*	raisin
gazta - gasna	*gasta - gaSHna*	fromage

Le vignoble basque

Euskal Herria produit d'excellents **ardo**, *vins*. Ceux d'**Irulegi**, *Irouléguy*, **gorri**, *rosés*, ou **beltz**, *rouges*, sont fameux. Un autre vin très apprécié – **zuri**, *blanc*, cette fois – est le **txakolina**, *txakoli*, produit sur les coteaux de **Getaria** et de **Bermeo**, magnifiques petits villages de pêcheurs sur la côte sud d'**Euskal Herria**. **Getaria** a une longue histoire : c'est principalement d'ici que partaient les baleiniers basques qui fréquentaient, bien avant Colomb et Cie, les côtes américaines, notamment Terre-Neuve, en passant par l'Islande. On retrouve d'ailleurs à Terre-Neuve maints lieux-dits basques, et en Islande subsistent même les traces d'un étonnant pidgin (langue seconde servant aux contacts commerciaux) basco-islandais !… Un autre habitant célèbre de **Getaria**, Juan Sebastian Elkano, est le premier navigateur à avoir fait le tour de la terre !

ardo zuri	*ardo souri*	vin blanc
ardo beltz	*ardo bèlts*	vin rouge
ardo gorri	*ardo gorri*	vin rosé

Baso bat ardo nahi dut, mesedez.
baSHo bat' ardo naï dout', méSHédès'
verre un vin veux [aux.] s'il-vous-plaît
S'il vous plaît, je voudrais un verre de vin.

BASO BAT ARDO NAHI DUT.
(Je voudrais un verre de vin.)

• **Autres boissons**

garagardo	*garagardo*	bière
sagardo	*SHagardo*	cidre
kafe	*kafé*	café
kafesne	*kaféSHné*	café crème
txokolate bero	*tchokolaté béro*	chocolat chaud
txokolate hotz	*tchokolaté ots*	chocolat froid
deskafeinatua	*dèSHkafégnatoua*	déca
ura gasarekin	*oura gaSHaréki'n*	eau gazeuse
ura gasik gabe	*oura gaSHik gabé*	eau plate
fruta zuku	*frouta soukou*	jus de fruits
tea limoiarekin	*téa limoyaréki'n*	thé au citron
tea esnearekin	*téa éSHnéarèki'n*	thé au lait
edan	*éda'n*	boire

ehun eta hamahiru 113

ÊTRE INVITÉ

Au Pays basque, la vie sociale se déroule autant au cœur de la **etxe**, *maison*, qui a toujours joué un rôle social important, qu'à l'extérieur. Il y a une nette différence entre le Pays basque français et le Pays basque espagnol. Dans ce dernier, les habitudes se rapprochent de celles du reste de l'Espagne. On se retrouve plus volontiers à l'extérieur, chez le **izozkitegi**, *glacier*, au **te saloi**, *salon de thé*, dans un **taberna**, *bar*, à une **kafetegi terraza**, *terrasse de café*, pour une promenade dans la rue principale ou le long de la mer, que chez les gens pour un déjeuner ou un dîner. Cela ne signifie nullement que les Basques manquent d'hospitalité, bien au contraire ! Seulement, être invité chez quelqu'un est une marque d'estime importante et signifie que vous faites partie du cercle d'intimes. C'est un signe de profonde amitié qui vous est dévolu et c'est toujours un moment privilégié.

Un repas traditionnel commence souvent par une entrée qui consiste en un plat de charcuteries (**Baionako edo Jabugoko urdaiazpikoa**, *jambon de Bayonne ou de Jabugo*, **txorizo**, *chorizo*, **solomo**, *lomo*) ou en quelques crudités. On peut trouver aussi des **zainzuri**, *asperges blanches* – celles de Navarre sont particulièrement réputées – ou des plats plus sophistiqués, comme les **itsaski**, *fruits de mer*, avec notamment des **txangurro**, *araignées de mer farcies*, des **lanpernak**, *percebels*, des **ostrak**, *huîtres*, ou les fameux **txipiroiak tintan**, *chipirons à l'encre*, ou encore de délicieux **piper berde egosiak**, *poivrons verts sautés*, ou des **arrautza nahaskia ganba eta onttoekin**, *œufs brouillés aux crevettes et aux cèpes*. Le plat principal peut être une **haragi erre**, *viande rôtie*, des **barruki**, *abats*, ou du **arrain**, *poisson*. Au Pays basque espagnol, les **barazki**, *légumes*, ou la **entsalada**, *salade*, sont servis avant le plat principal et rarement en garniture. Le **gazta**, *fromage*, est considéré comme un **azkenburuko**, *dessert*, et on peut le manger avec de la **irasagar melatu**, *pâte de coing*. Pour couronner ce repas gargantuesque, le **euskal pastiza**, *gâteau basque*, côté français vous permettra de quitter vos hôtes le sourire aux lèvres et le ventre repu, à moins que l'on vous propose un verre de **patxaran**, *patxaran*, un **zigarro**, *cigare*, et une partie de **mus**, *cartes*, qui durera une bonne partie de l'après-midi.

Zer iruditzen zaizkizu txipiroiak?
sèr' irouditsèn' saïskissou tchipiroyak
que paraissent à-toi-[aux.] chipirons-les
Comment trouves-tu les chipirons ?

Oso gozoak! Jaten ditudan lehen aldia da!
oSHo gossoak yatèn' ditoudan' lé'èn' aldia da
très doux-les - mange [aux.]-que première fois-la est
Ils sont délicieux ! C'est la première fois que j'en mange !

Gehiago jango duzu, ezta?
guéyago yan'go doussou èssta
un-peu-plus mangeras [aux.] n'est-ce-pas
Tu en reprendras bien un petit peu !

Bai noski! Benetan oso-oso onak daude!
baï noSHki bénéta'n oSHo oSHo onak dawdé
oui naturellement - vraiment très-très bons-les sont
Volontiers ! C'est vraiment très bon !

Ez, eskerrik asko, oso ona zen baina beterik nago!
èss éSHkérrik aSHko oSHo ona ssè'n bayna bétérik nago
non merci beaucoup très bon était mais rempli-de suis
Non, merci, vraiment c'était exquis, mais je suis repu !

Ardo beltza ala zuria nahiago duzu?
ardo bèltsa ala souria nayago doussou
vin rouge ou blanc préfères [aux.]
Tu préfères du vin rouge ou du blanc ?

Ura gasarekin ala gasik gabea?
oura gaSHaréki'n ala gaSHik gabéa
eau gaz-avec ou gaz sans-la
De l'eau plate ou de l'eau gazeuse ?

Lagaidazu jasotzen laguntzen.
lagaïdassou yaSHotsè'n lagountsè'n
laisse-moi débarrassant aidant
Laisse-moi t'aider à débarrasser.

Ez, egon eserita, nire kontu!
èss égo'n éSHérita niré ko'ntou
non rester assis moi-de affaire
Non, reste assis, je m'en occupe !

Kafetxo bat hartuko duzu, ezta?
kafétcho bat' artouko doussou èssta
café-petit un prendras [aux.] n'est-ce-pas
Tu prendras bien un petit café ?

Cognac batekin!
kognak batéki'n
cognac un-avec
Avec un cognac !

LA FAMILLE

La famille reste très importante au Pays basque et les gens sont attachés à conserver des liens très forts. Il est à noter que la société est d'une ouverture d'esprit étonnante : les femmes ont toujours eu un rôle important dans la société basque, traditionnellement matriarcale et le Pays basque espagnol a été à l'avant-garde des revendications égalitaires des gays et des lesbiennes en reconnaissant le mariage et le droit à l'adoption des couples de même sexe avant que l'Espagne à son tour, ne légalise ces droits en 2005.

Ezkonduta zaude?
èssko'douta sawdé
marié es
Tu es marié(e) ?

Bai; emaztea eta hiru seme-alaba ditut.
baï émastéa éta irou SHémé alaba ditout'
oui femme et trois fils-filles ai
Oui, j'ai une femme et trois enfants.

Anai-arrebak dituzu?
anaï arrébak ditoussou
frères-sœurs-les as
Tu as des frères et des sœurs ?

Arreba/neba/ahizpa/anai* zaharra dut.
arréba / néba / aïspa / anaï sa'arra dout'
sœur / frère / sœur / frère aîné(e) ai
J'ai une sœur / un frère aîné/e.

* Pour les différents emplois de ces mots, voir liste ci-après.

Ni oraindik ezkongai baina laster fedatuko naiz.
ni oray'ndik èskongaï bagna laSHtèr' fédatouko naïss
je maintenant-depuis célibataire mais rapidement fiancerai [aux.]
Moi, je suis encore célibataire mais je vais bientôt me fiancer !

Zorionak!
sorionak
félicitations
Quelle chance !

Familia, senitarte	familia SHè'nitarté	La famille
gurasoak	gouraSHoak	les parents
aita / ama	aïta ama	père / mère
aitatxo / amatxo	aïtatcho amatcho	papa / maman
aitona / aitita	aïtona / aïtita	le grand-père
amona/ amama	amona / amama	la grand-mère

ehun eta hamazazpi

seme / alaba	SHémé alaba	le fils / la fille
iloba	iloba	le neveu / la nièce / le petit-fils / la petite-fille
biloba	biloba	le petit-fils / la petite-fille / le descendant
loba	iloba loba	le neveu / la nièce
anai	anaï	le frère (d'un garçon)
neba	néba	le frère (d'une fille)
arreba	arréba	la sœur (d'un garçon)
ahizpa	aïspa	la sœur (d'une fille)
osaba / izeba	oSHaba isséba	l'oncle / la tante
lehengusu	lé'è'ngouSHou	le cousin
lehengusin	lé'è'ngouSHi'n	la cousine
senar / emazte	SHénar émasté	le mari / la femme
aitaginarreba	aïtaguinarréba	le beau-père
amaginarreba	amaguinarréba	la belle-mère
suhi / errain	SHou'ï érray'n	le gendre / la bru
ezkonanai / ezkoneba	éskonanaï éskonéba	beau-frère (d'un homme / d'une femme)
ezkonarreba / ezkonahizpa	éskonarréba / éskonaïspa	belle-sœur (d'un homme / d'une femme)

L'AMOUR

Maite zaitut.
maïté saïtout'
aime [aux.]-moi-toi
Je t'aime.

Nik ere maite zaitut.
nik éré maïté saïtout'
moi aussi aime [aux.]-moi-toi
Moi aussi, je t'aime.

Bertan behera utzi nau!
bèrta'n bé'éra outsi naw
même-endroit-le-en bas-vers laissé [aux.]-m'a
Il m'a laissé/e tomber !

Hain dut maite! / Hainbeste maite dut!
ay'n dout' maïté – ay'nbéSHté maïté dout'
tant [aux.] aime - tellement aime [aux.]
Je l'aime tellement !

Maiteminduta nago.
maïtémi'ndouta nago
amoureux suis
Je suis amoureux/-euse.

Elkar maite ezazue!
élkar maïté éssassoué
l'un-l'autre aimez [aux.]
Aimez-vous les uns les autres !

En boîte

Dantzatzea gustatzen zaizu?
da'ntsatsséa gouSHtatsè'n ssaïssou
danser-le plaît [aux.]-à-toi
Aimes-tu danser ?

Nirekin dantzatu nahi duzu?
niréki'n da'ntsatou naï doussou
moi-avec danser veux [aux.]
Tu veux danser avec moi ?

Bai pozik, baina ez dakit ongi dantzatzen.
baï possik bagna èsstakit' o'ngui da'ntsatssè'n
oui content mais non sais bien dansant
Avec plaisir, mais je ne sais pas très bien danser.

Ez du garrantzirik! Goazen olgetan!
èsstou garra'ntssirik goassè'n olguéta'n
non a importance-de - allons amusements-en
Ça n'a pas d'importance ! Viens, on va s'amuser !

Ez, barkatu, baina ez dut gogorik orain.
èss barkatou bagna èsstout' gogorik oray'n
non pardon mais pas ai envie maintenant
Non, pardonne-moi, mais je n'ai vraiment pas envie maintenant.

Bakarrik zaude edo lagunekin etorri zara?
bakarrik sawdé édo lagounéki'n étorri sara
seul es ou amis-les-avec venu es
Tu es seul(e) ou tu es venu(e) avec des amis ?

Lagunekin nago.
lagounéki'n nago
amis-les-avec suis
Je suis avec des amis.

Berekin hartuko al dugu zerbait?
béréki'n artouko al dougou sèrbaït
eux-mêmes-avec prendre-[futur] [interrog.] [aux.] quelque-chose
On va prendre un verre avec eux ?

Ados, zatoz, aurkeztuko zaitut!
adoSH satoss awrkéstouko saïtout'
d'accord viens présenter-futur [aux.]-moi-toi
D'accord, viens, je vais te présenter !

kaña bat	kagna bat'	un demi
zurito bat	sourito bat'	une petite bière
gin tonic bat	dji'n tonik bat'	un gin tonic
izotz	issots	granité
pomelo zuku	pomélo soukou	jus de pample-mousse
tomate zuku	tomaté soukou	jus de tomate
laranja zuku	lara'nja soukou	jus d'orange
baso bat txakolin	baSHo bat' tchakoli'n	un verre de txakoli
whisky bat	ouïSHki bat'	un whisky
kopa bat xanpain	kopa bat' cha'npaygn	une coupe de champagne

SHOPPING, FAIRE SES COURSES

Vous trouverez au Pays basque, tant côté français qu'espagnol, de quoi satisfaire vos envies les plus modestes ou les plus folles : des boutiques chic de Biarritz aux grands magasins de Bilbao, en passant par les échoppes d'artisans où vous pourrez acheter des produits typiques.

Oinetako pare bat erosi nahi dut.
oy'nétako paré bat' éroSHi naï dout'
chaussure paire une acheter veux [aux.]
Je veux acheter une paire de chaussures.

Zenbateko oina janzten duzu?
sè'mbatéko oyna yas'te'n doussou
combien pied-le chaussez [aux.]
Vous chaussez du combien ?

ZENBATEKO OINA JANZTEN DUZU?
(Vous chaussez du combien ?)

ehun eta hogeita bat

Non da supermerkatu hurbilena?
no'n da SHoupurmérkatou ourbiléna
où est supermarché-le proche-plus-le
Où est le supermarché le plus proche ?

Hortxe, kalearen bihurgunean.
ortché kaléarè'n biourgounéa'n
là rue-la-de coin-le-dans
Juste au coin de la rue.

Bada euskal liburuak aurki ditzakedan liburudendarik?
bada éwSHkal libourouak awrki ditsakéda'n libouroudè'ndarik
oui-est basque livres-les trouver peux librairie-de
Y a-t-il une librairie où je peux me procurer des livres en basque ?

Alde zaharrean bada bat.
aldé sa'arréa'n bada bat'
côté vieille-le-dans oui-est une
Il y en a une dans la vieille ville.

Denda	dè'nda	Boutique, magasin
bitxidenda	bitchidè'nda	bijouterie
harategi	aratégui	boucherie
okindegi	oki'ndégui	boulangerie
urdaitegi	ourdaïtégui	charcuterie
janaridenda	yanaridè'nda	épicerie
izozki denda	issoski dè'nda	glacier
kiosko	kioSHko	kiosque à journaux
liburudenda	libouroudè'nda	librairie
zapategi	sapatégui	magasin de chaussures
jantzidenda	ya'ntsidè'nda	magasin de vêtements
optika denda	optika dè'nda	opticien
paperdenda	papèr'dè'nda	papeterie
gozotegi	gossotégui	pâtisserie, confiserie, marchand de bonbons

botika, farmazia	*botika, farmassia*	pharmacie
arrandegi	*arra'ndégui*	poissonnerie
supermerkatu	*SHoupèr'mèrkatou*	supermarché

Jantzi	*ya'ntsi*	Vêtement
blusa	*blouSHa*	blouse
zura	*soura*	bois
galtzerdiak	*galtsèrdiak*	chaussettes
zapatak, oinetakoak	*sapatak, ognétakoak*	chaussures
alkandora	*alka'ndora*	chemise
jantzi	*ya'ntsi*	costume
kotoi	*kotoy*	coton
larru	*larrou*	cuir (peau)
eskularruak	*éSHkoularrouak*	gants
zira, kapusai	*sira, kapouSHay*	imperméable
gona	*gona*	jupe
artile	*artilé*	laine
beroki	*béroki*	manteau
metal	*métal*	métal
urre	*ourré*	or
zilar	*siglarr*	argent
burdin	*bourdi'n*	fer
euritako	*éwritako*	parapluie
plastiko	*plaSHtiko*	plastique
diruzorro	*dироussorro*	portefeuille
jertse	*yértSHé*	pullover
soineko	*SHognéko*	robe
eskuko poltsa	*éSHkouko poltSHa*	sac à main
kamiseta	*kamiSHéta*	tee-shirt
jaka	*yaka*	veste

irekita	*irékita*	ouvert
itxita	*itchita*	fermé
beherapenak	*bé'érapènak*	soldes
agortuta	*agortouta*	épuisé

erosi	*éroSHi*	acheter
saldu	*SHaldou*	vendre
gastatu	*gaSHtatou*	dépenser
xahutu	*chawtou*	dépenser à la légère
eskatu	*éSHkatou*	commander
lagundu	*lagou'ndou*	aider
erakutsi	*érakoutSHi*	montrer
txiki, tipi	*tchiki, tipi*	petit
handi	*awndi*	grand
txikiago	*tchikiyago*	plus petit
handiago	*awndiago*	plus grand
gutxiago	*goutchiago*	moins
gehiago	*guéyago*	plus

Une conversation chez le marchand

Egun on, meloirik baduzu?
égouno'n méloyrik badoussou
jour bon melons-des avez
Bonjour, avez-vous des melons ?

Bai, zenbat nahi dituzu?
baï sè'm'bat' naï ditoussou
oui combien voulez [aux.]
Oui, combien en désirez-vous ?

Hiru nahi nituzke, gaur arratserako.
irou naï nitouské gawr arratSHérako
trois voudrais [aux.] aujourd'hui soir-le-pour
J'en voudrais trois, pour ce soir.

Beste zerbait?
béSHté sèrbaït'
autre quelque-chose
Vous voulez autre chose ?

Libera bat piper nahi nuke baita ere.
libéra bat' pipèr naï nouké baïta éré
livre une poivrons voudrais [aux.] oui-et aussi
J'aimerais aussi une livre de poivrons.

Hori da dena?
ori da déna
cela est tout-le
Ce sera tout ?

Ez, lau xerra fin urdaiazpiko eta dozena bat arrautza ere.
ès', law chérra fi'n ourdayaspiko éta dosséna bat' arrawtsa éré
non quatre tranches fines jambon et douzaine une œufs aussi
Non, également, quatre tranches fines de jambon de Bayonne et une douzaine d'œufs.

Ederki. Zerbait gehiago?
édèrki. sèr'baït' guéyago
joliment quelque-chose plus
Bien, quelque chose d'autre ?

Ez, hori da dena. Zenbat da?
èss', ori da déna sè'mbat' da
non ceci est tout-le - combien est
Non, ce sera tout. Ça fait combien ?

35 euro dira guztira.
oguèytamaboSHt' ewro dira goustira
35 euros sont tout-à
Ça fait 35 euros le tout.

Ehuneko bilete bat besterik ez dut.
èwnéko bilété bat' béSHtérik èsstout'
cent-de billet un autre-de pas ai
Je n'ai qu'un billet de 100.

Berdin du, baditut txanponak!
bèrdin du, baditout' tcha'mponak
égal est oui-ai monnaies-les
Ça ne fait rien, j'ai de la monnaie !

LA POLICE

Nous n'allons pas parler ici de la police au Pays basque français ; les corps de sécurité publique sont les mêmes sur tout le territoire français. Au Pays basque espagnol, les choses sont différentes. On retrouve, d'une part, le corps militaire de la *Guardia Civil* espagnole, pas très apprécié au Pays basque et d'autre part *les policiers* (**ertzain**) de l'**Ertzaintza**, *la police basque*, que vous rencontrerez le plus souvent ainsi que les **udaltzain**, *policiers municipaux* de *la Police Municipale* (**Udaltzaingoa**). N'hésitez pas à leur demander des renseignements en cas de besoin.

Non da polizia-etxerik hurbilena?
no'n da polissia étchérik ourbiléna
où est commissariat-de proche-plus-le
Où est le commissariat le plus proche ?

Zer gertatu da?
sé guertatou da
quoi passé est
Que s'est-il passé ?

Nire poltsa ostu didate.
niré poltSHa oSHtou didaté
moi-de sac-le volé ont
On m'a volé mon sac.

Gauza asko zenituen?
gawssa aSHko sénitouè'n
choses beaucoup aviez
Vous aviez beaucoup d'effets personnels ?

Dena: pasaportea, nortasun agiria, gidabaimena, dirua…
déna paSHaportéa nortaSHou'n aguiria guidabaïména diroua
tout passeport-le identité carte-la permis-de-conduire-le argent-le
Tout. Passeport, carte d'identité, permis de conduire, de l'argent…

À LA POSTE

postontzi	*poSHto'ntsi*	boîte aux lettres
posta kutxatila	*poSHta koutchatila*	boîte postale
postetxe	*poSHtétché*	bureau de poste
postal	*poSHtal*	carte postale
pakete	*pakété*	colis
gutunazal	*goutounassal*	enveloppe
gutun, eskutitz	*goutou'n, éSHkoutits*	lettre
gutun	*goutou'n*	lettre
ziurtatua	*siourtatoua*	recommandée
abioiez	*abioyèss'*	par avion
telegrama	*télégrama*	télégramme
seilu	*SHéylou*	timbre

Zer ordutan irekitzen dute postetxea?
sé ordouta'n irékitsè'n douté poSHtétchéa
quelle heure-la-en ouvrent [aux.] poste-la
À quelle heure ouvre la poste ?

Zenbat da Kanadarako seilu bat?
sè'mbat' da kanadarako SHéylou bat'
combien est Canada-pour timbre un
Combien coûte un timbre pour le Canada ?

Pakete bat igorri nahi dut Bordelera.
pakété bat' igorri naï dout' bordéléra
colis un envoyer veux [aux.] Bordeaux-à
Je veux expédier un colis à Bordeaux.

Abioiezko posta arrunta baino garestiagoa da.
abioyèsko poSHta arrou'nta bagno garèSHtiagoa da
avion-par-de courrier-le normal-le que cher-plus-le est
Le courrier par avion est plus cher que le normal.

ehun eta hogeitazazpi

Posta igorpen bat egin nahi nuke.
poSHta igorpè'n bat' égui'n naï nouké
poste mandat un faire voudrais [aux.]
Je voudrais envoyer un mandat postal.

Europar Batasunerako postalentzako bost seilu behar nituzke.
éwropar' bataSHounérako poSHtalè'ntsako boSHt SHéylou béar nitouské
européenne union-la-à-pour cartes-postales-les-de cinq timbre besoin aurais
Je voudrais cinq timbres pour des cartes postales destinées à l'Union européenne.

Telefonoz hots egin dezaket?
téléfonoss otSH égui'n déssakèt'
téléphone-par voix faire peux
Puis-je téléphoner ?

À LA BANQUE

banketxe	*ba'nkétché*	agence bancaire
diru	*dirou*	argent, monnaie
banku bilete	*ba'nkou bilété*	billet de banque
truke bulego	*trouké bulégo*	bureau de change
kreditu txartel	*kréditou tchartél*	carte de crédit
truke	*trouké*	change
trukatu	*troukatou*	changer
txekeak	*tchékéak*	chèques
bidai-txekeak	*biday tchékéak*	chèques de voyage
kontu	*ko'ntou*	compte
eskudirutan ordaindu	*éSHkoudirouta'n orday'ndou*	payer en espèces

txanpon	*tcha'npo'n*	petite monnaie
truke tasa	*trouké taSHa*	taux de change
transakzio	*tra'nSHaksio*	transaction

Txekez ordain daiteke?
tchékèss orday'n daïtéké
chèque-par payer se-peut
On peut payer par chèque ?

Ez, eskudiruz bakarrik.
èss èSHkoudirous bakarrik
non main-argent-par seulement
Non, seulement en liquide.

Baina kontu bat dut banku honetan, Hendaian.
bagna kontou bat' dout' ba'nkou onéta'n è'ndanya'n
mais compte un ai banque cette-en Hendaye-à
Mais j'ai un compte dans cette banque à Hendaye.

Kreditu txartelaz ordain dezakezu.
kréditou tchartélas ordayn déssakéssou
crédit carte-par payer pouvez
Vous pouvez payer par carte de crédit.

LES NOUVELLES TECHNOLOGIES

Le Pays basque n'est pas en reste en ce qui concerne les nouvelles technologies. Internet, surtout, jouit d'un énorme succès : on trouve non seulement des **ziberkafe**, *cybercafés*, un peu partout dans les grandes villes, mais également dans les villages. Ce moyen de communication est même devenu l'espace privilégié pour pouvoir vous informer en langue basque ; on ne compte plus le nombre de sites dans tous les domaines de la culture, du sport et de la vie associative. Les grands journaux basques – hispanophones *(El Diario Vasco)*, francophones (Le Journal du Pays basque) ou bascophones (**Berria** ou **Gara**) – ont tous un **Internet ataria**, *portail Internet*. Vous pouvez facilement entrer en contact avec des Basques et échanger des idées avec eux grâce au **txat**, *chat*, ou au **e-Posta**, *courriel*. Dans un pays où, malheureusement, la production cinématographique de langue basque est quasi-inexistante, la **euskal telebista**, *télévision basque*, joue un rôle très important dans la production de programmes documentaires et de fictions en euskera. Depuis quelques temps, on trouve assez facilement des téléfilms, des documentaires ou des dessins animés en DVD avec la possibilité de choisir la version originale en basque ou des sous-titres en basque. Ce peut être un excellent moyen pour vous familiariser avec la langue. DVD et DVDrom se trouvent facilement dans les **megadenda**, *grandes enseignes de produits culturels*, aussi bien à Bayonne, à Donostia, qu'à Bilbao. Les **telefono mugikorra**, *téléphones portables*, comme partout en Europe, sont extrêmement utilisés et si vous optez pour l'opérateur **Euskaltel**, vous pourrez choisir la langue basque dans vos préférences et, ainsi, vous familiariser aux joies d'envoyer des **testu-mezua**, *SMS*, dans l'une des langues les plus anciennes de ce continent !

Voici quelques sites Internet d'intérêt pour apprentis bascophones !

• Journaux

Le Journal du Pays basque : www.lejpb.com
El Diario Vasco : www.diariovasco.com/edicion/portada.html
Gara : www.gara.net
Berria : www.berria.info/azala.php

• Les deux moteurs de recherche (bilatzaile) les plus populaires

Kaixo : www.kaixo.com
Aurki : www.aurki.com

- **Sites commerciaux**

Le site de Elkar, l'un des plus importants disquaires et libraires basques (possibilité de commande par Internet) :
www.megadenda.com/sarrera.cfm?hizkuntza=0

- **Sites culturels**

Le centre culturel Koldo Mitxelena (bibliothèque, expositions) :
www.gipuzkoakultura.net/kmk.htm
Le musée Guggenheim à Bilbao :
www.guggenheim-bilbao.es/euskera/home.htm
L'institut culturel basque : www.eke.org
Le site d'information du gouvernement basque : www.euskadi.net

Egun on, internetekin konektatu nahi nuke.
égouno'n i'ntèrnétèki'n konèktatou naï nouké
bonjour internet-avec connecter voudrais [aux.].
Bonjour, j'aimerais me connecter à Internet.

Bada interneten liburuak erosteko gunerik?
bada i'ntèrnétè'n libourouak éroSHtéko gounérik
oui-est internet-en livres-les acheter-pour site-de
Y a-t-il un site qui permette d'acheter des livres sur Internet ?

Zure erabiltzaile izena eta pasahitza sartu behar dituzu.
souré érabiltsaylé isséna éta paSHaïtsa Shartou bé'ar ditoussou
de-vous utilisateur nom-le et passe-mot-le entrer devoir avez
Il faut inscrire votre nom d'utilisateur et votre mot de passe.

Ordainketa babestua dago?
ordaynkéta babéSHtoua dago
paiement-le sécurisé-le est
Le paiement est-il sécurisé ?

Dokumentuak jaitsi daitezke gune honetatik?
dokoumè'ntouak yaïtSHi daïtéské gouné onétatik
documents-les descendre peuvent-[aux] site celui-ci-depuis
Est-ce qu'il est possible de télécharger des documents sur ce site ?

Baditutzue DVDak euskaraz?
baditoussoué débédéak ëwSHkarass
oui-avez DVD-les basque-en
Avez-vous des DVD en basque ?

Zenbat kostatzen da DVD bat alokatzea?
sè'mbat' koSHtatsè'n da débédé bat' alokatséa
combien coûte [aux.] DVD un louer-le
Combien coûte la location d'un DVD ?

internet sarrera	*i'ntèrnet' Sharréra*	accès à Internet
e-posta helbide	*éposHta èlbidé*	adresse
informazio superbide	*i'nformassio soupèrbidé*	autoroute de l'information
txat	*tchat'*	chat, clavardage
teklatu	*téklatou*	clavier
klikatu	*klikatou*	cliquer
konektatu	*konèktatou*	(se) connecter
e-posta	*éposHta*	courriel
diska gogor	*diSHka gogor*	disque dur
gustokoen ("le plus apprécié")	*gouSHtokoè'n*	favori
faxez bidali	*faksèss bidali*	faxer
leiho	*lèï'o*	fenêtre
forum	*foroumm*	forum
internauta	*i'ntèrnawta*	internaute
sare	*Sharé*	la toile (web)
DVD irakurgailu	*débédé irakourgaylou*	lecteur de DVD
hipertestu esteka	*ipèrtèSHtou éSHtéka*	lien hypertexte

132   ehun eta hogeita hamabi

programa	*programa*	logiciel
menu	*ménou*	menu
pasahitz	*paSHaïts*	mot de passe
bilatzaile	*bilatsaylé*	moteur de recherche
nabigatzaile	*nabigatsaylé*	navigateur
nabigatu	*nabigatou*	naviguer (surfer)
ordenagailu	*ordénagaylou*	ordinateur
harrera orri	*arréra orri*	page d'accueil
spam mezu	*spam méssou*	pourriel (spam)
bilaketa	*bilakéta*	recherche
zerbitzari	*sèrbitsari*	serveur
testu-mezu	*tèSHtou mèssou*	SMS
sagu	*Shagou*	souris
jaitsi	*yaïtSHi*	télécharger
telefono	*téléfono*	téléphone
mugikor	*mouguikorr*	portable
testu tratamendu	*tèSHtou tratamè'ndou*	traitement de texte
erabiltzaile	*érabiltsaylé*	utilisateur

PRENDRE DES PHOTOS

Il serait dommage de ne pas profiter de votre tout dernier appareil photo numérique ou de votre caméra vidéo pour immortaliser les superbes paysages que vous allez traverser lors de votre séjour en **Euskal Herria**.

Barkatu, argazki bat aterako didazu faborez?
barkatou argasskibat' atérako didassou faborèss
pardon photo une prendre-futur [aux.] s'il-vous-plaît
Excusez-moi, est-ce que cela vous dérangerait de me prendre en photo ?

ehun eta hogeita hamahiru 133

Argazki bat atera diezazuket?
argasski bat' atéra diéssassoukèt'
photo une prendre peux[aux.]-à-toi
Est-ce que je peux vous prendre en photo ?

ARGAZKI BAT ATERA DIEZAZUKET?
(Est-ce que je peux vous prendre en photo ?)

Argazkidenda hurbilena non den esango didazu?
argasskidè'nda ourbiléna no'n dè'n éSHa'ngo didassou
photo-magasin-le proche-plus-le où est-que direz [aux.]
Pouvez-vous m'indiquer le marchand de photos le plus proche ?

Zenbat denbora behar da pelikula hau errebelatzeko?
ssè'nbat' dè'mbora bé'ar da pélikoula aw érrébélatsséko
combien temps nécessaire est pellicule cette développer-pour
Il faut combien de temps pour développer cette pellicule ?

Memoria txartelak saltzen dituzue gailu digital honentzako?
mémoria tchartélak SHaltsè'n ditoussoué gaylou diguital onè'ntsako
mémoire cartes-les vendez [aux.] appareil numérique ce-pour
Vous vendez des cartes mémoire pour cet appareil numérique ?

Ba al dago museoan argazkiak ateratzerik?
ba'aldago mouSHéo'a'n argasskiak atératssérik
oui-[int]-est musée-le-en photos-les prendre-de
Est-il autorisé de photographier dans le musée ?

Flasha erabil dezaket?
flacha érabil déssakèt'
flash utiliser peux
Puis-je utiliser un flash ?

argazki makina	*argasski makigna*	appareil photo
gailu digitala	*gaïlou diguitala*	appareil numérique
bideo kamera	*bidéo kaméra*	caméra vidéo
kamera digitala	*kaméra diguitala*	caméscope numérique
memoria txartel	*mémoria tchartél*	carte mémoire
kolorezko pelikula	*koloréssko pélkoula*	film couleur
pelikula	*pélikoula*	pellicule
handitze	*aw'nditssé*	agrandissement
errebelatu	*érrébélatou*	développer
flash	*flach*	flash
negatibo	*négatibo*	négatif
zuribeltz	*souribélts*	noir et blanc
bideo kaseta	*bidéo kaSHéta*	cassette vidéo

ehun eta hogeita hamabost

ÊTRE MALADE

Avant de vous rendre au Pays basque espagnol, songez à vous munir de la carte européenne de santé auprès de votre centre de sécurité sociale, si vous êtes ressortissant de l'Union européenne. Ainsi, les soins dont vous pourriez avoir besoin seraient remboursés. La santé est prise très au sérieux, au Pays basque espagnol, et la région possède d'excellentes infrastructures. Les hôpitaux et les cliniques prodiguent des soins de première qualité. Nous ne vous le souhaitons pas, mais si vous tombiez malade, vous seriez entre de bonnes mains. Pour des problèmes moins graves, vous pouvez consulter un médecin de garde dans un **sorostetxea**, *dispensaire*.

sorospen	SHoroSHpè'n	aide d'urgence
anbulantzia	a'nboula'ntsia	ambulance
erizain	érissayn	infirmier, infirmière
sendagile, osagile	SHè'ndaguilé, oSHaguilé	médecin
osasun	oSHaSHou'n	santé

Non dago farmaziarik hurbilena?
no'n dago farmassiarik ourbiléna
où est pharmacie proche-plus-la
Où se trouve la pharmacie la plus proche ?

Non dago sorostetxea? Ospitalea?
no'n dago SHoroSHtétchéa oSHpitaléa
où est dispensaire-le hôpital-le
Où se trouve le dispensaire ? L'hôpital ?

Larrialdietako zenbakia behar dut.
larrialdiétako sè'mbakia béar dout
urgences-les-de numéro-le besoin ai
J'ai besoin du numéro des urgences.

Non da larrialdien zerbitzua?
no'n da larrialdiè'n sèrbitsoua
où est urgences-des service-le
Où se trouve le service des urgences ?

Anbulantzia bati dei egin.
amboula'ntsia bati déïégui'n
ambulance une-à appeler faire
Appelez une ambulance.

Laguntza behar dut.
lagou'ntsa béar dout
aide-la besoin ai
J'ai besoin d'aide.

Sorotsi! Lagundu! Zaurituta nago!
SHorotSHi lagou'ndou ssawritouta nago
secours aide blessé suis
Au secours ! À l'aide ! Je suis blessé !

SOROTSI! LAGUNDU! ZAURITUTA NAGO!
(Au secours ! À l'aide ! Je suis blessé !)

Le corps

aho	a'o	bouche
beso	béSHo	bras
gerri	guérri	ceinture, taille
ile	ilé	cheveux
bihotz	bi'ots	cœur
bizkarrezur	biskarréssourr	colonne vertébrale
sahiets	saïétSH	côte
lepo	lépo	cou
ukondo	ouko'ndo	coude
hatz	ats	doigt
bizkar	biskar	dos
sorbalda	SHorbalda	épaule
urdail	ourdayl	estomac
gibel	guibél	foie
kopeta	kopéta	front
belaun	bélawn	genou
eztarri	éstarri	gorge
heste	éSHté	intestin
hanka	a'nka	jambe
mihi	mi'i	langue
esku	éSHkou	main
kokotz	kokots	menton
gihar	gui'arr	muscle
sudur	SHoudourr	nez
begi	bégui	œil
belarri	bélarri	oreille
behatz	bé'ats	orteil
hezurr	éssourr	os
oin	oï'n	pied
eskumutur	éSHkoumoutourr	poignet
bular	boularr	poitrine, torse
buru	bourou	tête
gernu, txiza	guérnou, tchissa	urine

ehun eta hogeita hamazortzi

sabel	SHabél	ventre
orno	orno	vertèbre
gernu-maskuri	guérnou-maSHkouri	vessie
aurpegi	awrpégui	visage

Les maux et maladies

istripu	iSHtripou	accident
alergia	alèrguia	allergie
apendiziti	apè'ndissiti	appendicite
zauri	sawri	blessure
hautsita	awtSHita	cassé
ebakia	ébakia	coupure
karranpa	karra'npa	crampes
beherakoa	bé'érakoa	diarrhée
min	mi'n	douleur
haurdun	awrdou'n	enceinte
hantura	a'ntoura	enflure
ahulezi	a'ouléssi	faiblesse
sukar	SHoukarr	fièvre
infekzio	i'nfèksio	infection
intsolazio	i'ntSHolassio	insolation
hortzeko min	ortséko mi'n	mal aux dents
eztarriko min	èstarriko mi'n	mal de gorge
eri, gaixo	éri, gaïcho	malade
eritasun	éritaSHou'n	maladie
ondoez	o'ndoéss	malaise
buruko min	bourouko mi'n	maux de tête
goragale	goragalé	nausée
tenperatura altu/baxu	tè'mpératoura altou/bachou	température haute/basse
eztul	èstoul	toux
zorabio	sorabio	vertiges, étourdissements
katarroa izan	katarroa issa'n	avoir le rhume

eguzkiak	*égouskiak*	avoir un coup de soleil
jota izan	*yota issa'n*	
marrantatu	*marra'ntatou*	s'enrhumer
oka egin	*oka égui'n*	vomir

Gaizki sentitzen naiz.
gaïski SHè'ntitsè'n naïss
mal sens [aux.]
Je me sens mal.

Ez naiz ondo sentitzen.
ènaïss o'ndo SHè'ntitsè'n
non [aux.] bien sens
Je ne me sens pas bien.

Les remèdes et traitements

anestesia	*anéSHtéSHia*	anesthésie
hesgailu	*èsgaylou*	bandage
pilula, pastilla	*piloula, pastigla*	comprimé
dosi	*doSHi*	dose
igurtzi	*igourtsi*	friction, frottement
sendaketa	*SHè'ndakéta*	guérison
sendagaiak	*SHè'ndagayak*	médicaments
operazio	*opérassio*	opération
errezeta	*érrésséta*	ordonnance
injekzio	*i'nyeksio*	piqûre
igeltsadura	*iguèltSHadoura*	plâtre
pomada	*pomada*	pommade
xarabe	*charabé*	sirop
supositorioak	*SHoupoSHitorioak*	suppositoires
odol hartze	*odol artsé*	prise de sang
erradiografia	*érradiografia*	radiographie
esparatrapu	*èSHparatrapou*	sparadrap
termometro	*tèrmométro*	thermomètre

irentsi	*irè'ntSHi*	avaler
barau egin	*baraw égui'n*	jeûner
mastekatu	*maSHtékatou*	mâcher
aposituaz estali	*apoSHitouass èstali*	panser (couvrir d'un pansement)
tenperatura neurtu	*tè'mpératoura néwrtou*	prendre la température
tentsioa neurtu	*tè'ntSHioa néwrtou*	prendre la tension
zurgatu, zurrupatu	*sourgatou, sourroupatou*	sucer

bazkalaurrean / bazkalostean	*baskalawrréa'n/ baskaloSHtéa'n*	avant/après les repas
bazkarian	*baskaria'n*	pendant les repas
baso bat urarekin	*baSHo bat' ouraréki'n*	avec un verre d'eau
kafe goilare	*kafé goïlaré*	cuiller à café
zopa goilare	*sopa goïlaré*	cuiller à soupe
arratsaldean	*arratSHaldéa'n*	l'après-midi
goizean	*goïsséa'n*	le matin
arratsean	*arratSHéa'n*	le soir
egunean hiru aldiz	*égounéa'n irou aldiss*	trois fois par jour

Chez le dentiste

hortza kendu	*ortsa kè'ndou*	arracher une dent
koroa	*koroa*	couronne
behin-betiko	*béynpétiko*	définitif
hortzeria	*ortséria*	dentier
hortzorea	*ortsoréa*	dentifrice
haginlari, dentista	*agui'nlari, dèntiSHta*	dentiste
hortz garbiketa	*orts garbikéta*	détartrage
hortzeko min	*ortséko mi'n*	mal de dents
enpaste	*è'mpaSHté*	plombage
behin-behineko	*béynpéynéko*	provisoire

Hortz honek min ematen dit.
orts onèk mi'n èmatè'n dit'
dent celle-ci douleur donne à-moi-[aux.]
Cette dent me fait mal.

Chez l'ophtalmologue et l'opticien

begi	bégui	œil
betazal	bétassal	paupière
malko	malko	larme
betaurrekoak	bétawrrékoak	lunettes
eguzki	égouski	lunettes de soleil
betaurrekoak	bétawrrékoak	
euskarria	èwSHkarri	monture
begilabur	béguilyabour	myope
presbita	prèSHbita	presbyte
lenteak	lè'ntéak	verres
ukipen-lenteak	oukipè'n lè'ntéak	verres de contact

LES TOILETTES

Au Pays basque espagnol, vous n'aurez aucune difficulté à trouver des toilettes publiques, parfois payantes, mais toujours bien entretenues. N'hésitez pas à entrer dans un café ou un bar en cas de besoin : demander où se trouvent les petits coins est un bon moyen de tester vos connaissances en basque !

Non dira komunak, mesedez?
no'n dira komounak méSHédèss
où sont toilettes-les s'il-vous-plaît
Où sont les toilettes, s'il vous plaît ?

Badira komun publikoak hemen hurbil?
badira komou'n poublikoak émè'n ourbil
oui-sont toilettes publiques-les ici près
Y a-t-il des toilettes publiques dans le coin ?

Komuneko giltzak mesedez?
komounèko guiltsak méSHédèss
toilettes-des clefs-les s'il-vous-plaît
Puis-je avoir les clefs pour les toilettes ?

Komuneko papera emango didazu, mesedez?
komounéko papéra éma'ngo didassou méSHédèss
toilettes-des papier-le donner-futur [auz]-à-moi s'il-vous-plaît
Pourriez-vous me donner du papier-toilette, s'il vous plaît ?

Ez dago xaboirik.
ésdago chaboïrik
non est savon-du
Il n'y a plus de savon.

Komuneko eskuoihalak falta dira.
komounéko éSHkou'oï'alak falta dira
toilettes-des serviettes-les manquent [aux.]
Il manque des serviettes de toilette.

Gizonezkoak	*guissonèskoak*	Messieurs
Emakumezkoak	*émakoumèskoak*	Dames
Hartuta	*artouta*	Occupé
Libre, hutsik	*libré, outSHik*	Libre

ehun eta berrogeita hiru

BIBLIOGRAPHIE

Voici une courte liste des principaux ouvrages traitant de la langue et de la culture basques susceptibles de vous intéresser. Aujourd'hui, les seules références en matière de grammaire ou de dictionnaire sont en basque, en espagnol ou en anglais. Les livres en français sont rares et lorsqu'ils existent, ils datent malheureusement et ne concernent souvent que des dialectes spécifiques à la France. Il existe également de très nombreux sites en basque ou sur les différents aspects de la culture basque sur Internet.

- Pour une bonne **grammaire** du basque unifié, la référence à votre niveau, ou pour une étude ultérieure, est *Gramatica didáctica del Euskera* de Ilari Zubiri publiée chez Didaktiker en 2000, si vous lisez l'espagnol, bien sûr. Sinon, vous pouvez consulter en français *La Grammaire basque du navarro-labourdin littéraire* de Pierre Lafitte (Elkar, 1944), grammaire riche mais antérieure au basque unifié et ne concernant que le dialecte littéraire du côté nord. Il existe également de nombreuses grammaires que l'on peut consulter sur Internet, les meilleures étant malheureusement en espagnol ou en anglais.

- Pour un **dictionnaire** :
– Publiés récemment, deux excellents dictionnaires bilingues français, basque : *Dictionnaire Elhuyar Hiztegia (euskara-frantsea français-basque)* par Elixabete Etxebarria et Collectif (2005) et *Dictionnaire basque-français & français-basque : Hiztegia euskara-frantsesa & frantsesa-euskara* par Xabier Kintana (2003).
– Un ouvrage intéressant mais incomplet : *Euskararako hiztegia* chez Adorez, 1986. Vous trouverez une partie monolingue basque suivie d'un dictionnaire trilingue basque, français, anglais.

– Une excellente référence si vous lisez l'anglais : *Euskara - Ingelesa / Ingelesa - Euskara hiztegia* (chez Elkar) de Gorka Aulestia et Linda White, en un seul volume compact ou en deux volumes séparés.
– Enfin, pour les courageux qui désireraient un dictionnaire encyclopédique tout en basque (équivalent de notre "Larousse"), signalons *Hiztegi entziklopedikoa* chez Elhuyar kultur elkartea, 1993, avec plus de 75 000 articles dont 50 000 noms communs.

• Un excellent **ouvrage sur la culture basque**, en français pour une fois, publié conjointement par Elkar et le gouvernement basque : *Euskara, la langue des Basques* de Joseba Intxausi. Pour tout savoir sur la langue, ses origines, son histoire, son avenir ou sur la culture basque en général. Livre magnifiquement présenté et illustré.
Sur la culture, signalons aussi le livre de Jose Miguel de Barandiaran : *Dictionnaire illustré de mythologie basque* chez Elkar (1993) ainsi que la revue trimestrielle *Pays Basque Magazine* qui offre de nombreux articles et reportages sur la vie en **Euskal Herria**, aussi bien nord que sud.
Finalement, le récent dictionnaire encyclopédique de tout ce qui touche à la culture basque : *Dictionnaire thématique basque* par Peio Etcheverry-Ainchart paru en 2004.

• Pour les amateurs de **littérature**, vous pouvez vous procurer l'*Anthologie bilingue de la poésie basque contemporaine* publiée en 1988 par le Centre Culturel du Pays Basque. De plus, vous trouverez dans les librairies basques d'**Euskal Herria**, un nombre fort important (et croissant) de livres originaux ou traduits.

• Pour le **tourisme**, signalons pour le côté français le guide Gallimard, et couvrant à la fois le Pays basque français et le Pays basque espagnol, le *Guide du Routard du Pays Basque*, et le tout nouveau *Guide Vert Pays basque*. Pour le côté espagnol le *Guia del trotamundos Pais Vasco* aux éditions Gaesa ou le *Petit Fûté Pays basque espagnol* dans la collection Country Guides.

ehun eta berrogeita bost

Le basque de poche
vous a donné envie d'aller plus loin ?

ASSIMIL vous propose sa méthode

Le Basque unifié
collection Sans Peine

50 leçons en 392 pages
3 CD audio d'une durée
de 2h00

Cette méthode vous permettra d'acquérir le niveau de la conversation courante dans un basque vivant et actuel grâce à son principe unique :

l'assimilation intuitive®
Découvrez ce principe à la page suivante.

Les méthodes Assimil

Collection Sans Peine

Pour vous permettre d'apprendre les langues avec plaisir et aisance, Assimil applique dans ses méthodes un principe exclusif, très simple mais efficace,

l'assimilation intuitive®

Ce principe reprend (en l'adaptant) le processus naturel grâce auquel chacun d'entre nous a appris sa langue maternelle.
Très progressivement, au moyen de dialogues vivants, de notes simples et d'exercices, Assimil vous mène du b.a.-ba à la conversation courante.
Durant la première partie de votre étude (appelée phase passive), vous vous laissez imprégner par la langue en lisant, écoutant et répétant chaque leçon.
Au bout de 50 leçons, vous entamez la phase active qui vous permet d'appliquer les structures et mécanismes assimilés, tout en continuant à progresser.

En peu de mois, quelle que soit la langue choisie, vous êtes capable de parler sans effort ni hésitation, de manière très naturelle.

nos 47 langues
sont disponibles chez votre libraire

Allemand
Alsacien
Anglais
Anglais d'Amérique
Arabe
Arménien
Basque
Breton
Bulgare
Catalan
Chinois
Coréen
Corse
Créole
Danois
Espagnol

Espéranto
Égyptien hiéroglyphique
Finnois
Français
Grec ancien
Grec moderne
Hébreu
Hindi
Hongrois
Indonésien
Italien
Japonais
Latin
Malgache
Néerlandais
Norvégien

Occitan
Persan
Polonais
Portugais
Portugais du Brésil
Roumain
Russe
Suédois
Swahili
Tamoul
Tchèque
Thaï
Turc
Vietnamien
Yiddish

Tous ces cours
sont accompagnés d'enregistrements sur
CD audio ou mp3.
Dans certaines langues, des cours de perfectionnement
sont également disponibles.

Voyager...

Plus de 500 agences en France

Les conseils personnalisés de 2 000 experts pour réaliser tous vos rêves de voyages

nfos-réservations :
892 239 238
(0,34€ TTC / min.)

www.selectour.com

LEXIQUES

BASQUE – FRANÇAIS

A

abakando	homard
abesle	chanteur
abesti	chant
abioi	avion
abioiez	par avion
adin	âge
adiskide	ami
ados	d'accord
aduana	douane
afari	dîner
agortu	épuiser
agur!	salut ! adieu !
agurtu	saluer
ahal izan	pouvoir
ahizpa	sœur (d'une fille)
aho	bouche
ahulezia	faiblesse
aintzira	marécage
aireportu	aéroport
aita	père
aitaginarreba	beau-père
aitatxo	papa
aitona, aitita	grand-père
alaba	fille
alai	joyeux
albo	côté
aldatu	changer
alde zahar	vieille ville (centre historique)
aldean	côté
aldi	fois
-aldi	période
alergia	allergie
alkandora	chemise
alokatu	louer
ama	mère
amaginarreba	belle-mère
amatxo	maman
amona, amama	grand-mère
amu	hameçon
amuarrain	truite
anaia	frère (d'un garçon)
anbulantzia	ambulance
andere	madame
anestesi	anesthésie
antxoa	anchois
antzerki	théâtre (art)
antzezlan	pièce de théâtre
antzoki	théâtre (lieu)
aparkaleku	parking
apartemendu	appartement
apendiziti	appendicite
aposituaz estali	panser
ardo beltz	vin rouge
ardo gorri	vin rosé
ardo zuri	vin blanc
argazki	photo
argazki makina	appareil photo
argazkidenda	magasin de photo
argi	clair, lumière
argitsu	lumineux

argitu	éclairer	**auto-ilara**	bouchon (trafic)
arkume	agneau	**autopista**	autoroute
arrain	poisson	**autostop egin**	faire du stop
arrandegi	poissonnerie	**auzo**	quartier
arrantza egin	pêcher	**axola**	importance
arrats	soir	**axolatu**	se préoccuper, se soucier de
arratsalde	après-midi		
arratsalde on	bonsoir	**aza**	chou
arrautza	œuf	**azafata**	hôtesse de l'air
arrazoi	raison	**azal**	peau
arreba	sœur (d'un garçon)	**azalore**	chou-fleur
arren	s'il vous plaît	**azenario**	carotte
arreta	attention	**azkar**	rapide
arrisku	danger	**azkenburuko**	dessert
arrosa	rose	**azoka**	marché
arroz	riz	**azpil**	plat
artile	laine		

B

arto	maïs
aski	assez
asko	beaucoup
asmatu	deviner
aspergarri	ennuyeux
asperre	ennui
aspertu	s'ennuyer
astakeria	bêtise
atal	chapitre ; gousse
ate	porte
atera	partir, sortir
atera	extraire, sortir, prendre (photo)
atseden	repos
atseden hartu	se reposer
atsegin	agréable, sympathique
aurkeztu	présenter
aurpegi	visage
aurrean	en face
aurreratu	dépasser (en voiture)
auto	automobile
autobus	autobus, car

babes	protection
babestu	protéger, sécuriser
bai	oui, si
baikor	positif
bainujantzi	maillot de bains
bakailao	morue
bakarrik	seul
balazta	frein
balixa	valise
baloi	ballon
banana	banane
banderak	drapeaux
banketxe	agence bancaire
banku	banque
banku bilete	billet de banque
baratxuri	ail
barau egin	jeûner
barazki	légume
barkatu	pardonner
barruki	abats
baso	verre ; forêt
bazkalaurreko	hors-d'œuvre
bazkari	déjeuner
bazter	coin
begi	yeux

begilabur	myope	**bidesari**	péage
begiratu	regarder	**bigarren maila**	deuxième classe
begiratzaile	contrôleur	**bigun**	doux, tendre
behar	nécessité	**bihar**	demain
behartu	devoir, obliger	**bihotz**	cœur
behatz	orteil	**bihurgune**	virage
behe	bas, inférieur	**bikini**	bikini
beherako	diarrhée	**bilaketa**	recherche
beherakoa izan	avoir la diarrhée	**bilatu**	chercher
beherapen	solde	**bilatzaile**	moteur de recherche
beheratu	baisser		
behiki	bœuf	**bildu**	ramasser
behin	fois	**biloba**	petite-fille ; neveu
behin-behineko	provisoire		
behin-betiko	définitif	**bisigu**	dorade
belar	herbe	**bitxidenda**	bijouterie
belarri	oreille	**bizikleta**	bicyclette
belaun	genou	**bizkar**	dos
belauntzi	voilier	**bizkarrezur**	colonne vertébrale
beldur	peur		
beltz	noir	**blusa**	blouse
bendaje	bandage	**botika**	pharmacie
benetan	vraiment	**brokoli**	brocoli
berandu	tard, en retard	**buia**	bouée
berde	vert	**bular**	poitrine, torse
berdin	égal	**burdin**	fer
bero	chaud	**buru**	tête
beroki	manteau	**buruko min**	mal de tête
berriro	de nouveau	**bus geldiune**	arrêt d'autobus
berun	plomb	**bus geltoki**	gare routière
beso	bras		
beste	autre	**D**	
betaurreko	lunettes		
bete	plein, rempli	**damu**	repenti, désolé
betoker	loucheur	**dantza**	danse
bidai agentzia	agence de voyages	**dantzaldi**	bal
bidaiari	passager	**dantzatu**	danser
bidaiari-bagoi	wagon	**debekatu**	interdire
bidai-txeke	chèque de voyage	**den**	tout
bide	chemin	**denbora**	temps
bidegurutze	carrefour	**denda**	boutique, magasin ; tente
bideo	vidéo		
		deskafeinatu	décaféiné

ehun eta berrogeita hamahiru 153

diru	argent, monnaie
diruzorro	portefeuille
diska	disque
diska gogor	disque dur
diskoteka	discothèque
dokumentu	document
dosi	dose
DVD irakurgailu	lecteur de DVD

E

ebaki	coupure, couper
edan	boire
eder	beau
ederki	merveilleusement ; très bien
egia	vrai ; vérité
egon	rester, demeurer
egosi	cuire
egun on	bonjour
egutegi	calendrier
eguzki	soleil
eguzki betaurreko	lunettes de soleil
eguzkiak jota izan	avoir un coup de soleil
eguzkitako	parasol
eki	soleil
ekipaje	bagages
ekitako	parasol
eliza	église
elkar	ensemble ; l'un l'autre (exprime la réciprocité)
eltze	casserole
elur	neige
emakume	femme
eman	donner
emanaldi	concert ; séance
emazte	épouse
enparantza	place
enpaste	plombage
entsalada	salade
entzun	écouter
e-posta	courriel
erabaki	décision, décider
erabat	tout à fait
erabili	utiliser
erabiltzaile	utilisateur
eraikuntza	immeuble, construction
erakusleiho	vitrine
erakutsi	montrer
erdi	moitié
erdizka	à moitié
eri	malade
eritasun	maladie
erizain	infirmière
erosi	acheter
erradiografia	radiographie
errain	bru
erre	rôtir
erre	fumer
errebelatu	développer, révéler
erremolatxa	navet
erreserba egin	faire une réservation
erretzaile	fumeur
errezeta	ordonnance
erro	racine ; tentacule
ertzain	policier
ertzaintza	police basque
eseri	s'asseoir
eserleku	siège, place
eserleku	banc
eskailera	escalier
eskatu	commander
esker	merci
eski	ski
esku	main
eskubian	à droite
eskudirutan ordaindu	payer en espèces
eskuko poltsa	sac à main

eskularru	gant
eskumutur	poignet
esnob	snob
esparatrapu	sparadrap
espero izan	espérer
esteka	lien
estekatu	lier
etorbide	boulevard
etorri	venir
etxe	maison
etxeko	comme à la maison (ménagère)
etxerekoa	héritier de la maison
etzaulki	transat
euri	pluie
euritako	parapluie
Euskal Herria	Pays basque
Euskaldun	Basque
Euskara	(langue) basque
eutsi	tenir
ez	non, ne pas
ez erre	ne pas fumer
ezer	quelque chose
ezer ez	rien
ezezkor	négatif
ezkerrean	à gauche
ezkoneba	beau-frère (d'une femme)
ezkonanai	beau-frère (d'un homme)
ezkonahizpa	belle-sœur (d'une femme)
ezkonarreba	belle-sœur (d'un homme)
ezkondu	marier
ezkongai	célibataire
ezkutatu	ranger
eztarri	gorge
eztarriko min	mal de gorge
eztul	toux

F

fakturatze leihatila	comptoir d'enregistrement
falta egin	manquer
familia	famille
fardeleria	bagages
farmazia	pharmacie
faro	phare
faxez bidali	faxer
fedatu	se fiancer
festa	fête
film	film
flash	flash
frijitu	frire, faire revenir
fruitu	fruit
fruta zukua	jus de fruits

G

gabon	bonne nuit
gailu	appareil, instrument
gailu digital	appareil numérique
gaixo	malade
gaixotasun	maladie
gaizki	mal
gaizkoadura	inflammation
galtzada	chaussée
galtzerdi	chaussette
garagardo	bière
garaje	garage
garbi	propre
garbiketa	lavage
garbitu	nettoyer
gasna	fromage
gasoil	diesel
gasolina	essence
gasolindegi	station-service
gastatu	dépenser
gatza	sel
gaur	aujourd'hui

ehun eta berrogeita hamabost 155

gazta	fromage
gazte	jeune
gazteen ostatu	auberge de jeunesse
gaztelu	château
gehiago	plus
gehiegi	trop
gehitu	ajouter
gelditu	s'arrêter
geldiune	arrêt
gerezi	cerise
gernu	urine
gernu-maskuri	vessie
gerri	ceinture
gerruntze	gilet
gertatu	se produire, arriver, se passer
gibel	foie
gidari	guide de montagne
gihar	muscle
giltza	clef
gizon	homme
gogo	envie, mémoire, souvenir
gogoratu	se souvenir, se rappeler
goilare	cuiller
goiz	matin ; tôt
goizean	au/le matin
gona	jupe
gora	haut, vive… !
goragale	nausée
goratu	élever
gorde	réserver, ranger
gorri	rouge
gorritu	dorer
gorrotatu	détester
gorroto	haine
gosari	petit déjeuner
gozo	délicieux
gozotegi	pâtisserie, confiserie
gris	gris
gune	site, centre
gurasoak	parents
gurditxo	charriot
gurpil	roue
gurutze gorri	Croix-Rouge
gustatu	aimer, plaire
gustokoen	favori
gustora	volontiers
gutun	lettre
gutun ziurtatu	lettre recommandée
gutunazal	enveloppe
gutxiago	moins

H

haginlari	dentiste
haize	vent
haizetako-garbigailu	essuie-glace
halabeharrez	nécessairement
handi	grand
handiago	plus grand
handitze	agrandissement
hanka	jambe
hantura	enflure
hara	voici, ça alors !
haragi	viande
harategi	boucherie
harea	sable
harrera	réception
harrera	accueil
harrera egin	accueillir
harrigarri	extraordinaire, incroyable, surprenant
hartu	prendre
hartuta	occupé
haserre	colère
haserretu	se fâcher

hatz	doigt
haurdun	enceinte (femme)
hautsita	cassé
hegaldi	vol
hegaldi-panel	panneau d'information
hegazkin	avion
helbide	adresse
helduera	arrivée (lieu)
helmuga	arrivée (seuil)
herriko etxe	mairie
heste	intestin
hezur	os
higuingarri	répugnant
hilerri	cimetière
hipermerkatu	supermarché
hipertestu	hypertexte
hiri	ville
hiribarne	centre-ville
hiribarren	banlieue
hiribide	avenue
hitz	mot, parole
hitz egin	parler
hobe	mieux
hodei	nuage
hodi	tube
hondamendi	ruine
hondar	sable ; miettes, restes
hondartza	plage
hori	jaune
hornitegi	pompe à essence
hortz garbiketa	détartrage
hortza kendu	arracher une dent
hortzeko min	mal aux dents
hortzeria	appareil dentaire
hortzore	dentifrice
hosto	feuille
hotel	hôtel
hurbil	près
hurren	prochain
huts	vide

ibai	rivière
ibilaldi	randonnée
ibilbide	promenade, chemin de randonnée
ibili	se promener
ideia	idée
igali	fruit
igeltsadura	plâtre
igeltso	plâtre (matière)
igeri	nage
igeri egin	nager
igurtzi	friction, frottement
ihes egin	échapper
ikara	frayeur, effroi
ikaragarri	extraordinaire, fantastique
ikasle	étudiant
ikusi	voir
ikusi arte	au revoir
ilar	petit pois
ile	cheveu
iloba	petit-fils
infekzio	infection
informazio	information
inola	d'une manière ou d'une autre
inola ez	en aucune manière
interes	intérêt
interesatu	s'intéresser
interesgarri	intéressant
internauta	internaute
internet	Internet
intsolazio	insolation
iragarki	panneau, annonce

irekita	ouvert
irentsi	avaler
iristera	arrivée
iritsi	arriver
iritzi	donner son avis, avis
irla	île
irteera	sortie ; départ
irten	partir ; sortir
iruditu	sembler, paraître, trouver
ispilu	miroir
istorio	histoire
istripu	accident
isuri	verser
itsazapo	lotte
itsasargi	phare
itsasbehera	marée basse
itsasgora	marée haute
itsaski	crustacés
itsaso	mer
itsasontzi	bateau
itxaron	attendre
itxaropen	espoir
itxarote	attente
itxita	fermé
itzela	génial
itzuli	rentrer, retourner
izan	être
izeba	tante
izen	nom
izkina	coin
izkira	crevette
izokin	saumon
izozki	glace
izozkidenda, izozkitegi	glacier
izugarri	horrible, effrayant
izutu	avoir/faire peur, s'effrayer

J

jai	fête
jaitsi	descendre
jaka	veste
jakin	savoir
jakina	naturellement, bien sûr
jan	manger
janaridenda	épicerie
jantzi	costume
jantzidenda	magasin de vêtements
jasan	subir, supporter
jasanezin	insupportable
jatetxe	restaurant
jaun	monsieur
jauregi	palais
jertse	pullover
jo	frapper, taper
joan	aller
joan-etorri	aller-retour

K

kafe	café
kafe goilare	cuiller à café
kafesne	café crème
kafetegi	cafétéria
kai	quai, port
kaixo!	salut !
kalabazin	courgette
kale	rue
kaleargi	réverbère
kamera	caméra
kamiseta	tee-shirt
kanpin	camping
kanta, kantu	chant
kapusai	imperméable
karabana	bouchon
karabana	caravane
karranpa	crampe
karrika	roue

karrikarte	rond-point	**lan**	travail
karrixka	ruelle	**laranja**	orange
karta	carte	**larri**	pressé, nerveux, urgent
kaseta	cassette		
katarroa izan	être enrhumé	**larritu**	se presser, s'énerver
keinukari	clignotant		
kendu	retirer, enlever	**larru**	cuir
kiosko	kiosque à journaux	**laster**	bientôt
		lausengarri	flatteur
kirol	sport	**legatz**	merlu
klasiko	classique	**lehen maila**	première classe
klikatu	cliquer	**lehengusin**	cousine
koipe	huile	**lehengusu**	cousin
kokotz	menton	**leihatila**	guichet
kolore	couleur	**leiho**	hublot ; fenêtre
kolpeleungailu	pare-chocs	**leka**	haricot vert
kometa	cerf-volant	**lente**	verre
komun	toilettes	**lepo**	cou
komuneko paper	papier-toilette	**libre**	libre
konektatu	se connecter	**liburudenda**	librairie
konpondu	(s')arranger, se débrouiller ; réparer	**limoi**	citron
		loba	neveu, nièce
		loditu	grossir, épaissir
kontatu	raconter	**lorategi**	jardin
kontrol-dorre	tour de contrôle	**lore**	fleur
kontu	compte ; attention	**loresorta**	bouquet
		lortu	obtenir
kontzertu	concert	**lots**	honte
kopeta	front	**lukainka**	charcuterie
koroa	couronne		
korridore	allée	## M	
kostatu	coûter		
kotoi	coton	**madari**	poire
kotxe	voiture	**magurdi**	framboise
kreditu txartel	carte de crédit	**mahai**	table
		mahats	raisin
## L		**maitagarri**	aimable
		maite	amour
labain	glissant	**maitemindu**	tomber amoureux
labana	couteau		
lagun	ami	**makil**	canne
lagundu	aider	**makina**	locomotive
laku	lac	**makina-gidari**	machiniste

ehun eta berrogeita hemeretzi 159

maleta	valise	**musika**	musique
maletak fakturatu	enregistrer les bagages	**muskuilu**	moule
marrantatu	avoir la gorge prise	**N**	
		nahasi	mélanger
marroi	marron	**nahi**	vouloir, désir
marrubi	fraise	**nahita**	exprès
marrubitxo	fraise des bois	**nasa**	quai
martxan jarri	démarrer	**nabigatu**	naviguer
maskor	coquillage	**nabigatzaile**	navigateur
mastekatu	mâcher	**nazkagarri**	dégoutant
matrikula	plaque d'immatriculation	**neba**	frère (d'une fille)
		negatibo	négatif (film)
matxura	panne	**nekatu**	fatiguer
mekanikari	mécanicien	**neke**	fatigue
mendi	montagne	**neumatiko**	pneumatique
menu	menu	**neumatiko**	pneu
merezi	mérité		
merezitu	mériter	**O**	
merkatu	marché	**odol hartze**	prise de sang
mertxika	pêche	**odolki**	boudin
metal	métal	**oihal**	serviette ; tissu
metro	métro	**oilasko erre**	poulet rôti
mezu	message	**oilaskoa piperrekin**	poulet basquaise
mezutu	envoyer un message	**oin**	pied
mihi	langue	**oinbide**	trottoir
mihiarrain	sole	**oinetako**	chaussure
min	douleur	**oinez**	à pied
min egin	faire mal	**oka egin**	vomir
min izan	avoir mal	**oker egon**	se tromper
minutu	minute	**okindegi**	boulangerie
misera	homard	**olatu**	vague
moneta	monnaie	**oliba**	olive
monumentu	monument	**olio**	huile
more	violet	**on**	bon
morroia	porteur	**ondoez**	malaise
motore	moteur	**ontto**	champignon
motozikleta	moto	**ontzi**	verre
motxila	sac à dos	**opera**	opéra
murgildu	plonger	**operazio**	opération
museo	musée	**optikadenda**	opticien

orain	maintenant	piper	poivron
oraindik	encore	piperrada	piperade
orburu	artichaut	pisu	poids
ordaindu	payer	piztia	bête
ordainketa	paiement	piztu	démarrer
ordenagailu	ordinateur	plastiko	plastique
ordutegi	horaire	plater	assiette
orkestra	orchestre	plaza	place
orno	vertèbre	polit	joli
orri	page (d'un livre, cahier)	polizia	police ; policier
osaba	oncle	poltsa	sac
osagile	médecin	pomada	pommade
osasun	santé	porru	poireau
ospitale	hôpital	posible	possible
ostatu	auberge	pozik	content
ostra	huître	posta kutxatila	boîte postale
otarrain	langouste	postal	carte postale
		postetxe	bureau de poste
		postontzi	boîte aux lettres
		presbita	presbyte
		prezio	prix
		programa	programme, logiciel

P

pairaezin	insupportable
pakete	colis
paper	papier
paperdenda	papeterie
paperontzi	poubelle
parke	parc
pasa	passer
pasahitz	mot de passe
pasaporte	passeport
pasiatu	se promener
pastoral	pastorale
patata	pomme de terre
pelikula	pellicule
pena	peine, dommage
penagarri	triste, attristant
pentsatu	penser
pentsio	pension
perretxiko	champignons
pilotaleku	fronton
pilotu	pilote
pilula	comprimé
pintxo	tapas

publiko — public

S

sabel	ventre
sagar	pomme
sagardo	cidre
sagardotegi	cidrerie
sagu	souris
sahietsezur	côte
saiheski	côtelette
saldu	vendre
saltsa	sauce
saltxitxoi	saucisson
sandalia	sandales
sardeska	fourchette
sardina	sardine
sare	filet, toile (web)
sarrera	entrée
sartu	entrer

segurtasun uhal	ceinture de sécurité
seilu	timbre
semaforo	feu de signalisation
seme	fils
senar	mari
sendagai	médicament
sendagile	médecin
sendaketa	guérison
sendia	famille
sentitu	regretter, être désolé
sinetsi	croire
soineko	robe
solomo	lomo
sorbalda	épaule
soro	champ
sorosle	maître nageur
sorospen	aide d'urgence
sorotsi	venir au secours
sorpresa	surprise
su	feu
sudur	nez
suhi	gendre
suhiltzaile	pompier
sukar	fièvre
superbide	autoroute
supermerkatu	supermarché
supositorio	suppositoire
suziri	feu d'artifice, fusée

T

taberna	bar
te saloi	salon de thé
tea (esnearekin)	thé (au lait)
tea (limoiarekin)	thé (citron)
teklatu	clavier
telebista	télévision
telefono	téléphone
telefono mugikorra	téléphone portable
telefono-kabina	cabine téléphonique
telegrama	télégramme
termometro	thermomètre
terraza	terrasse
testu	texte
testu tratamendu	traitement de texte
testu-mezu	SMS
tindategi	blanchisserie
tinta	encre
tipi	petit
tipula	oignon
tira	allons ! bon !
tomate	tomate
trafiko	circulation
trafiko seinale	panneau de signalisation
transakzio	transaction
tratamendu	traitement
tren	train
tren geltoki	gare de chemin de fer
trenbide	rails ; chemin de fer
triste	triste
trukatu	changer
truke	change
truke bulego	bureau de change
truke tasa	taux de change
tunel	tunnel
turista	touriste
tutik ez	absolument rien
txahal	veau, génisse
txalupa	canot
txangurro	crabe
txar	mauvais
txartel	billet, ticket
txat	chat, clavardage
txeke	chèque
txiki	petit
txikiago	plus petit
txipiroi	poulpe

txirla	amande de mer
txirrindu	bicyclette
txirrindularitza	cyclisme
txiza	urine
txokolate bero	chocolat chaud
txokolate hotz	chocolat froid
txorizo	chorizo
txotx	cure-dent, bâtonnet

U

ubel	mauve
udaletxe	mairie
uharte	île
uhaza	laitue
uhin	vague
ukan	avoir
ukipen-lente	verre de contact
ukondo	coude
ura (gasarekin)	eau (gazeuse)
ura (gasik gabe)	eau (plate)
urdaiazpiko	jambon
urdail	estomac
urdaitegi	charcuterie
urdin argi	bleu ciel
urdin ilun	bleu marine
urduri	inquiet
urduritu	s'inquiéter
ur-eski	ski nautique
ur-pedal	pédalo
urre	or
urrun	loin
urte	an, année
uste	opinion, croyance

X

xaboi	savon
xahutu	dépenser de façon inconsidérée
xarabe	sirop
xerra	biftek

Z

zahar	vieux, âgé
zainzuri	asperge
zakar	antipathique, âpre
zalantza	doute
zalantza izan	douter
zapata	chaussure
zapategi	magasin de chaussures
zartagin	poêle
zatar	affreux
zauri	blessure
zebrabide	passage zébré
zeharo	complètement, entièrement
zekor	veau
zelai	champ
zerbitzari	serveur
zerbitzatu	servir
zerbitzugune	aire de service
zergatik	pourquoi
zerri	porc
ziberkafe	cybercafé
zigarro	cigare, cigarette
zilar	argent
zine	cinéma
zira	imperméable (vêtement)
zita	rendez-vous
ziur	sûr, certain
ziztada	piqûre
zopa goilare	cuiller à soupe
zorabio	vertige, étourdissement
zoragarria	merveilleux, formidable
zoratu	se réjouir ; devenir fou
zori	chance
zorion	bonheur
zorionak	félicitations
zoritxar	malheur
zubi	pont
zuhaitz	arbre
zulatu	trouer, crever une roue
zur	bois
zurgatu	sucer
zuri	blanc
zurrupatu	sucer
zuzen	direct ; droit

FRANÇAIS – BASQUE

A

abats	barruki
absolument rien	tutik ez
accident	istripu
accueil	harrera
accueillir	harrera egin
acheter	erosi
adieu !	agur
adresse	helbide
aéroport	aireportu
affreux	zatar
âge	adin
agence bancaire	banketxe
agence de voyages	bidai agentzia
agneau	arkume
agrandissement	handitze
agréable	atsegin
aide d'urgence	sorospen
aider	lagundu
ail	baratxuri
aimable	maitagarri
aimer	maite ; gustatu
aire de service	zerbitzugune
ajouter	gehitu
allée	korridore
aller	joan
allergie	alergia
aller-retour	joan-etorri
amande de mer	txirla
ambulance	anbulantzia
ami	adiskide
ami	lagun
amour	maitasun
an	urte
anchois	antxoa
anesthésie	anestesi
année	urte
annonce	iragarki
annoncer	iragarri
antipathique	zakarra
appareil	gailu
appareil dentaire	hortzeria
appareil numérique	gailu digital
appareil photo	argazki makina
appartement	apartamendu
appendicite	apendiziti
après-midi	arratsalde
arbre	zuhaitz
argent	diru ; zilar
arracher une dent	hortza kendu
arranger (s'~)	konpondu
arrêt	geldiune
arrêt d'autobus	bus geldiune
arrêter (s'~)	gelditu
arrivée	helduera, helmuga, iristera
arriver	iritsi ; gertatu
artichaut	orburu
asperge	zainzuri
asseoir (s'~)	eseri
assez	aski
assiette	plater
attendre	itxaron
attente	itxarote
attention	arreta ; kontu
au revoir	ikusi arte
auberge	ostatu
auberge de jeunesse	gazteen ostatu
aujourd'hui	gaur
autobus	autobus
automobile	auto

164 ehun eta hirurogeita lau

autoroute	**autopista, superbide**	bête	**piztia**
autre	**beste**	bêtise	**astakeria**
avaler	**irentsi**	bicyclette	**bizikleta, txirrindu**
avenue	**hiribide**	bien sûr	**jakina**
avion	**abioi, hegazkin**	bientôt	**laster**
avoir	**ukan**	bière	**garagardo**
avoir la gorge prise	**marrantatu**	biftek	**xerra**
avoir mal	**min izan**	bijouterie	**bitxidenda**
avoir/faire peur	**izutu**	bikini	**bikini**
avoir un coup de soleil	**eguzkiak jota izan**	billet	**txartel**
		billet de banque	**banku bilete**
		blanc	**zuri**
B		blanchisserie	**tindategi**
bagages	**ekipaje, fardeleria**	blessure	**zauri**
		bleu ciel	**urdin argi**
baisser	**beheratu**	bleu marine	**urdin ilun**
bal	**dantzaldi**	blouse	**blusa**
ballon	**baloi**	bœuf	**behiki**
banane	**banana**	boire	**edan**
banc	**eserleku**	bois	**zur**
bandage	**bendaje**	boîte aux lettres	**postontzi**
banlieue	**hiribarren**	boîte postale	**posta kutxatila**
banque	**banku**		
bar	**taberna**	bon	**on**
bas (inférieur)	**behe**	bonheur	**zorion**
basque (personne)	**Euskaldun**	bonjour	**egun on**
basque (langue)	**Euskara**	bonne nuit	**gabon**
bateau	**itsasontzi**	bonsoir	**arratsalde on**
bâtonnet	**txotx**	bouche	**aho**
beau	**eder**	boucherie	**harategi**
beaucoup	**asko**	bouchon	**karabana**
beau-frère (d'un homme)	**ezkonanai**	bouchon (trafic)	**auto-ilara**
		boudin	**odolki**
beau-frère (d'une femme)	**ezkoneba**	bouée	**buia**
		boulangerie	**okindegi**
beau-père	**aitaginarreba**	boulevard	**etorbide**
belle-mère	**amaginarreba**	bouquet	**loresorta**
belle-sœur (d'un homme)	**ezkonarreba**	boutique	**denda**
		bras	**beso**
belle-sœur (d'une femme)	**ezkonahizpa**	brocoli	**brokoli**
		bru	**errain**

ehun eta hirurogeita bost 165

bureau de change	**truke bulego**	chant	**abesti ; kanta, kantu**
bureau de poste	**postetxe**		
C		chanteur	**abesle**
ça alors !	**hara**	chapitre	**atal**
cabine téléphonique	**telefono-kabina**	charcuterie	**lukainka, urdaitegi**
cacher	**ezkutatu**	chariot	**gurditxo**
café	**kafe**	chat (sur Internet)	**txat**
café crème	**kafesne**	château	**gaztelu**
cafétéria	**kafetegi**	chaud	**bero**
calendrier	**egutegi**	chaussée	**galtzada**
caméra	**kamera**	chaussette	**galtzerdi**
camping	**kanpin**	chaussure	**oinetako, zapata**
canne	**makil**		
canot	**txalupa**	chemin	**bide**
car (autobus)	**autobus**	chemin de fer	**trenbide**
caravane	**karabana**	chemin de randonnée	**ibilbide**
carotte	**azenario**	chemise	**alkandora**
carrefour	**bidegurutze**	chèque	**txeke**
carte	**karta**	chèque de voyage	**bidai-txeke**
carte de crédit	**kreditu txartel**	chercher	**bilatu**
		cheveu	**ile**
carte postale	**postal**	chocolat chaud	**txokolate bero**
cassé	**hautsita**		
casserole	**eltze**	chocolat froid	**txokolate hotz**
cassette	**kaseta**		
ceinture	**gerri**	chorizo	**txorizo**
ceinture de sécurité	**segurtasun uhal**	chou	**aza**
		chou-fleur	**azalore**
célibataire	**ezkongai**	cidre	**sagardo**
centre-ville	**hiribarne**	cidrerie	**sagardotegi**
cerf-volant	**kometa**	cigare	**zigarro**
cerise	**gerezi**	cigarette	**zigarro**
certain (sûr)	**ziur**	cimetière	**hilerri**
champ	**soro, zelai**	cinéma	**zine**
champignon	**ontto, perretxiko**	circulation	**trafiko**
		citron	**limoi**
chance	**zori**	clair	**argi**
change	**truke**	classique	**klasiko**
changer	**aldatu, trukatu**	clavardage (Canada)	**txat**
		clavier	**teklatu**

clef	giltza	crabe	txangurro
clignotant	keinukari	crampe	karranpa
cliquer	klikatu	crever une roue	zulatu
cœur	bihotz	crevette	izkira
coin	bazter, izkina	croire	sinetsi
colère	haserre	Croix-Rouge	gurutze gorri
colis	pakete	croyance	uste
colonne vertébrale	bizkarrezur	crustacés	itsaski
commander	eskatu	cuiller	goilare
complètement	zeharo	cuiller à café	kafe goilare
comprimé	pilula	cuiller à soupe	zopa goilare
compte	kontu	cuir	larru
comptoir d'enregistrement	fakturatze leihatila	cuire	egosi
concert	emanaldi, kontzertu	cure-dent	txotx
		cybercafé	ziberkafe
confiserie	gozotegi	cyclisme	txirrindularitza
connecter (se ~)	konektatu		
construction	eraikuntza	**D**	
content	pozik	d'accord	ados
contrôleur	begiratzaile	danger	arrisku
coquillage	maskor	danse	dantza
costume	jantzi	danser	dantzatu
côte	sahietsezur	débrouiller (se ~)	konpondu
côté	albo, aldean	décaféiné	deskafeinatu
côtelette	saiheski	décider	erabaki
coton	kotoi	décision	erabaki
cou	lepo	définitif	behin-betiko
coude	ukondo	dégoûtant	nazkagarri
couleur	kolore	déjeuner	bazkari
coup de soleil (avoir un ~)	eguzkiak jota izan	délicieux	gozo
		demain	bihar
couper	ebaki	démarrer	martxan jarri, piztu
coupure	ebaki		
courgette	kalabazin	demeurer	egon
couronne	koroa	dentifrice	hortzore
courriel	e-posta	dentiste	haginlari
cousin	lehengusu	départ	irteera
cousine	lehengusin	dépenser	gastatu
couteau	labana	dépenser de façon inconsidérée	xahutu
coûter	kostatu	descendre	jaitsi

ehun eta hirurogeita zazpi 167

désir	nahi
désolé	damu
désolé (être ~)	sentitu
dessert	azkenburuko
détartrage	hortz garbiketa
détester	gorrotatu
deuxième classe	bigarren maila
développer	errebelatu
devenir fou	zoratu
deviner	asmatu
devoir	behartu
diarrhée	beherako
diarrhée (avoir la ~)	beherakoa izan
diesel	gasoil
dîner	afari
direct	zuzen
discothèque	diskoteka
disque	diska
disque dur	diska gogor
document	dokumentu
doigt	hatz
dommage	pena
donner	eman
donner son avis	iritzi
dorade	bisigu
dorer	gorritu
dos	bizkar
dose	dosi
douane	aduana
doubler	aurreratu
douleur	min
doute	zalantza
douter	zalantza izan
doux	bigun
drapeaux	banderak
droit	zuzen
droite (à ~)	eskuinean

E

eau (gazeuse)	ura (gasarekin)
eau (plate)	ura (gasik gabe)
échapper	ihes egin
éclairer	argitu
écouter	entzun
effrayant	izugarri
effrayer (s'~)	izutu
effroi	ikara
égal	berdin
église	eliza
élever	goratu
enceinte (femme)	haurdun
encore	oraindik
encre	tinta
énerver (s'~)	larritu
enflure	hantura
enlever	kendu
ennui	asperre
ennuyer (s'~)	aspertu
ennuyeux	aspergarri
enregistrer les bagages	maletak fakturatu
enrhumé (être ~)	katarroa izan
ensemble	elkar
entièrement	zeharo
entrée	sarrera
entrer	sartu
enveloppe	gutunazal
envie	gogo
envoyer un message	mezutu
épaissir	loditu
épaule	sorbalda
épicerie	janaridenda
épouse	emazte
épuiser	agortu
escalier	eskailera
espérer	espero izan
espoir	itxaropen

essence	gasolina	feuille	hosto
essuie-glace	haizetako-garbigailu	fiancer (se ~)	fedatu
		fièvre	sukar
estomac	urdail	filet	sare
étagère	atal	fille	alaba
étourdissement	zorabio	film	film
être	izan	fils	seme
étudiant	ikasle	flash	flash
exprès	nahita	flatteur	lausengarri
extraire	atera	fleur	lore
extraordinaire,	ikaragarri, harrigarri	foie	gibel
		fois	aldi, behin
		formidable	zoragarria

F

		fourchette	sardeska
face (en ~)	aurrean	fournisseur (lieu)	hornitegi
fâcher (se ~)	haserretu	fraise	marrubi
faiblesse	ahulezia	fraise des bois	marrubitxo
faire	egin	framboise	magurdi
faire du stop	autostop egin	frapper	jo
		frayeur	ikara
faire mal	min egin	frein	balazta
faire peur	izutu	frère (d'un garçon)	anaia
faire revenir (cuisine)	frijitu	frère (d'une fille)	neba
faire une réservation	erreserba egin	friction	igurtzi
		frire	frijitu
famille	familia, sendi	fromage	gasna, gazta
		front	kopeta
fantastique	ikaragarri	fronton	pilotaleku
fatigue	neke	frottement	igurtzi
fatigué	neke	fruit	fruitu, igali
fatiguer	nekatu	fumer (ne pas ~)	(ez) erre
favori	gustokoen	fumeur	erretzaile
faxer	faxez bidali	fusée	suziri
félicitations	zorionak		

G

femme	emakume	gant	eskularru
fenêtre	leiho	garage	garaje
fer	burdin	gare de chemin de fer	tren geltoki
fermé	itxita	gare routière	bus geltoki
fête	festa, jai	gauche (à ~)	ezkerrean
feu	su	gendre	suhi
feu d'artifice	suziri	génial	itzela
feu de signalisation	semaforo		

genou	belaun
gilet	gerruntze
glace	izozki
glacier	izozkidenda, izozkitegi
glissant	labain
gorge	eztarri
gousse	atal
grand	handi
grand (plus ~)	handiago
grand-mère	amona, amama
grand-père	aitona, aitita
gris	gris
grossir	loditu
guérison	sendaketa
guichet	leihatila
guide de montagne	gidari

H

haine	gorroto
hameçon	amu
haricot vert	leka
haut	gora
herbe	belar
héritier de la maison	etxerekoa
histoire	istorio
homard	misera, abakando
homme	gizon
honte	lots
hôpital	ospitale
horaire	ordutegi
horrible	izugarri
hors-d'œuvre	bazkalaurreko
hôtel	hotel
hôtesse de l'air	azafata
hublot	leiho
huile	koipe, olio
huître	ostra
hypertexte	hipertestu

I

idée	ideia
île	irla, uharte
immeuble	eraikuntza
imperméable	kapusai, zira
importance	axola
incroyable	harrigarri
infection	infekzio
inférieur	behe
infirmière	erizain
inflammation	gaizkoadura
information	informazio
inquiet	urduri
inquiéter (s'~)	urduritu
insolation	intsolazio
instrument	gailu
insupportable	jasanezin, pairaezin
interdire	debekatu
intéressant	interesgarri
intéresser (s'~)	interesatu
intérêt	interes
internaute	internauta
Internet	internet
intestin	heste

J

jamais	inoiz ez
jambe	hanka
jambon	urdaiazpiko
jardin	lorategi
jaune	hori
jeune	gazte
jeûner	barau egin
joli	polit
joyeux	alai
jupe	gona
jus de fruits	fruta zukua

K

kiosque à journaux	kiosko

L

lac	laku
laine	artile
laitue	uhaza
langouste	otarrain
langue	mihi
lavage	garbiketa
lecteur de DVD	DVD irakur-gailu
légume	barazki
lettre	gutun
lettre recommandée	gutun ziurtatu
librairie	liburudenda
libre	libre
lien	esteka
lier	estekatu
locomotive	makina
logiciel	programa
loin	urrun
lotte	itsazapo
loucheur	betoker
louer	alokatu
lumière	argi
lumineux	argitsu
l'un l'autre (exprime la réciprocité)	elkar
lunettes	betaurreko
lunettes de soleil	eguzki betaurreko

M

mâcher	mastekatu
machiniste	makina-gidari
madame	andere
magasin	denda
magasin de vêtements	jantzidenda
magasin de chaussures	zapategi
magasin de photo	argazkidenda
maillot de bains	bainujantzi
main	esku
maintenant	orain
mairie	herriko etxe ; udaletxe
maïs	arto
maison	etxe
maître nageur	sorosle
mal	gaizki
mal aux dents	hortzeko min
mal de gorge	eztarriko min
mal de tête	buruko min
malade	eri, gaixo
maladie	eritasun, gaixotasun
malaise	ondoez
malheur	zoritxar
maman	amatxo
manger	jan
manière ou d'une autre (d'une ~)	inola
manquer	falta egin
manteau	beroki
marché	azoka, merkatu
marécage	aintzira
marée basse	itsasbehera
marée haute	itsasgora
mari	senar
marier	ezkondu
marron	marroi
matin	goiz
matin (au/le ~)	goizean
mauvais	txar
mauve	ubel
mécanicien	mekanikari
médecin	osagile ; sendagile
médicament	sendagai

ehun eta hirurogeita hamaika 171

mélanger	**nahasi**	naturellement	**jakina**
mémoire	**gogo**	nausée	**goragale**
ménager (de la maison)	**etxeko**	navet	**erremolatxa**
		navigateur	**nabigatzaile**
menton	**kokotz**	naviguer	**nabigatu**
menu	**menu**	ne… pas	**ez**
mer	**itsaso**	nécessairement	**halabeharrez**
merci	**esker**	nécessité	**behar**
mère	**ama**	négatif	**ezezkor**
mérité	**merezi**	négatif (film)	**negatibo**
mériter	**merezitu**	neige	**elur**
merlu	**legatz**	nerveux	**larri**
merveilleusement	**ederki**	nettoyer	**garbitu**
merveilleux	**zoragarria**	neveu	**loba, biloba**
message	**mezu**	nez	**sudur**
métal	**metal**	nièce	**loba**
métro	**metro**	noir	**beltz**
miettes	**hondar**	nom	**izen**
minute	**minutu**	non	**ez**
miroir	**ispilu**	nouveau (de ~, à ~)	**berriro**
moins	**gutxiago**	nuage	**hodei**
moitié	**erdi**		
moitié (à ~)	**erdizka**	## O	
monnaie	**moneta, diru**		
monsieur	**jaun**	obliger	**behartu**
montagne	**mendi**	obtenir	**lortu**
montrer	**erakutsi**	occupé	**hartuta**
monument	**monumentu**	œil	**begi**
morue	**bakailao**	œuf	**arrautza**
mot	**hitz**	oignon	**tipula**
mot de passe	**pasahitz**	olive	**oliba**
moteur	**motore**	oncle	**osaba**
moteur de recherche	**bilatzaile**	opéra	**opera**
moto	**motozikleta**	opération	**operazio**
moule	**muskuilu**	opinion	**uste**
muscle	**gihar**	opticien	**optikadenda**
musée	**museo**	or	**urre**
musique	**musika**	orange	**laranja**
myope	**begilabur**	orchestre	**orkestra**
		ordinateur	**ordenagailu**
## N		ordonnance	**errezeta**
		oreille	**belarri**
nage	**igeri**		
nager	**igeri egin**		

orteil	behatz	pâtisserie	gozotegi
os	hezur	payer	ordaindu
oui	bai	payer en espèces	eskudirutan
ouvert	irekita		ordaindu
P		Pays basque	Euskal Herria
		péage	bidesari
page (livre, cahier)	orri	peau	azal
paiement	ordainketa	pêche	mertxika
palais	jauregi	pêcher	arrantza egin
panne	matxura	pédalo	ur-pedal
panneau	iragarki	peine	pena
panneau	hegaldi-	pellicule	pelikula
d'information	panel	penser	pentsatu
panneau de	trafiko	pension	pentsio
signalisation	seinale	père	aita
panser	aposituaz	période	-aldi
	estali	petit	tipi, txiki
papa	aitatxo	petit (plus ~)	txikiago
papeterie	paperdenda	petit déjeuner	gosari
papier	paper	petit-enfant	biloba
papier-toilette	komuneko	petit pois	ilar
	paper	petite-fille	biloba
par avion	abioiez	petit-fils	iloba
paraître	irudítu	peur	beldur
parapluie	euritako	phare	faro,
parasol	eguzkitako,		itsasargi
	ekitako	pharmacie	botika,
parc	parke		farmazia
pardonner	barkatu	photo	argazki
pare-chocs	kolpeleun-	pièce de théâtre	antzezlan
	gailu	pied	oin
parents	gurasoak	pied (à ~)	oinez
parking	aparkaleku	pilote	pilotu
parler	hitz egin	piperade	piperrada
parole	hitz	piqûre	ziztada
partir	irten, atera	place	enparantza,
passage zébré	zebrabide		plaza ;
passager	bidaiari		eserleku
passeport	pasaporte	plage	hondartza
passer	pasa	plaire	gustatu
passer (se ~)	gertatu	plaque	matrikula
pastorale	pastoral	d'immatriculation	

ehun eta hirurogeita hamahiru 173

plastique	**plastiko**	poulpe	**txipiroi**
plat	**azpil**	pourquoi	**zergatik**
plâtre	**igeltso**	pouvoir	**ahal izan**
plein	**bete**	première classe	**lehen maila**
plomb	**berun**	prendre	**hartu**
plombage	**enpaste**	prendre en photo	**atera**
plonger	**murgildu**	préoccuper (se ~)	**arduratu**
pluie	**euri**	près	**hurbil**
plus	**gehiago**	présenter	**aurkeztu**
pneu	**neumatiko**	pressé	**larri**
pneumatique	**neumatiko**	presser (se ~)	**larritu**
poêle	**zartagin**	prise de sang	**odol hartze**
poids	**pisu**	prix	**prezio**
poignet	**eskumutur**	prochain	**hurren**
poire	**madari**	produire (se ~)	**gertatu**
poireau	**porru**	programme	**programa**
poisson	**arrain**	promenade	**ibilbide**
poissonnerie	**arrandegi**	promener (se ~)	**ibili, pasiatu**
poitrine	**bular**	propre	**garbi**
poivron	**piper**	protection	**babes**
police	**polizia**	protéger	**babestu**
police basque	**ertzaintza**	provisoire	**behin-behineko**
policier	**polizia, ertzain**	public	**publiko**
		pull-over	**jertse**
pommade	**pomada**		
pomme	**sagar**	**Q**	
pomme de terre	**patata**	quai	**nasa, kai**
pompe à essence	**hornitegi**	quartier	**auzo**
pompier	**suhiltzaile**	quelque chose	**ezer**
pont	**zubi**	**R**	
porc	**zerri**		
port	**kai**	racine	**erro**
porte d'embarquement	**ate**	raconter	**kontatu**
		radiographie	**erradiografia**
portefeuille	**diruzorro**	rails	**trenbide**
porteur	**morroia**	raisin	**mahats**
positif	**baikor**	raison	**arrazoi**
possible	**posible**	ramasser	**bildu**
poubelle	**paperontzi**	randonnée	**ibilaldi**
poulet basquaise	**oilaskoa piperrekin**	ranger	**gorde**
poulet rôti	**oilasko erre**	rapide	**azkar**

rappeler (se ~)	**gogoratu**
réception	**harrera**
recherche	**bilaketa**
regarder	**begiratu**
regretter	**sentitu**
réjouir (se ~)	**zoratu**
rempli	**bete**
rendez-vous	**zita**
rentrer	**itzuli**
repenti	**damu**
repos	**atseden**
reposer (se ~)	**atseden hartu**
répugnant	**higuingarri**
réserver	**gorde**
restaurant	**jatetxe**
rester	**egon**
restes (miettes)	**hondar**
retard (en ~)	**berandu**
retirer	**kendu**
retourner	**itzuli**
révéler	**errebelatu**
réverbère	**kaleargi**
rien	**ezer ez**
rivière	**ibai**
riz	**arroz**
robe	**soineko**
rond-point	**karrikarte**
rose	**arrosa**
rôtir	**erre**
roue	**gurpil, karrika**
rouge	**gorri**
rue	**kale**
ruelle	**karrixka**
ruine	**hondamendi**

S

sable	**harea ; hondar**
sac	**poltsa**
sac à dos	**motxila**
sac à main	**eskuko poltsa**
salade	**entsalada**
salon de thé	**te saloi**
saluer	**agurtu**
Salut !	**kaixo ! agur !**
sandales	**sandalia**
sans	**hobe**
santé	**osasun**
sardine	**sardina**
sauce	**saltsa**
saucisson	**saltxitxoi**
saumon	**izokin**
savoir	**jakin**
savon	**xaboi**
séance	**emanaldi**
sécuriser	**babestu**
sel	**gatza**
sembler	**iruditu**
serveur	**zerbitzari**
serviette	**oihal**
servir	**zerbitzatu**
seul	**bakarrik**
si (oui d'insistance)	**bai**
siège	**eserleku**
s'il vous plaît	**arren**
sirop	**xarabe**
site	**gune**
ski	**eski**
ski nautique	**ur-eski**
SMS	**testu-mezu**
snob	**esnob**
sœur (d'un garçon)	**arreba**
sœur (d'une fille)	**ahizpa**
soir	**arrats**
solde	**beherapen**
sole	**mihiarrain**
soleil	**eguzki ; eki**
sortie	**irteera**
sortir	**atera ; irten, atera**
souris	**sagu**
souvenir	**gogo**
souvenir (se ~)	**gogoratu**

sparadrap	esparatrapu	ticket	txartel
sport	kirol	timbre	seilu
station-service	gasolindegi	toile (web)	sare
subir	jasan	toilettes	komunak
sucer	zurgatu, zurrupatu	tomate	tomate
		tomber amoureux	maitemindu
supermarché	hipermerkatu, supermerkatu	torse (poitrine)	bular
		tôt	goiz
		tour de contrôle	kontrol-dorre
supporter	jasan	touriste	turista
suppositoire	supositorio	tout	den
sûr	ziur	tout à fait	erabat
surprise	sorpresa	toux	eztul
sympathique	atsegin	train	tren
		traitement	tratamendu
T		traitement de texte	testu tratamendu
table	mahai	transaction	transakzio
tante	izeba	transat	etzaulki
tapas (petite entrée pour l'apéritif)	pintxo	travail	lan
		très bien	ederki
taper	jo	triste	triste, penagarr
tard	berandu		
taux de change	truke tasa	tromper (se ~)	oker egon
tee-shirt	kamiseta	trop	gehiegi
télégramme	telegrama	trottoir	oinbide
téléphone	telefono	trouer	zulatu
téléphone portable	telefono mugikorra	trouver	iruditu
		truite	amuarrain
télévision	telebista	tube	hodi
temps	denbora	tunnel	tunel
tendre	bigun		
tenir	eutsi	**U**	
tentacule	erro	urgent	larri, premiaz-ko
tente	denda		
terrasse	terraza	urine	gernu, txiza
tête	buru	utilisateur	erabiltzaile
texte	testu	utiliser	erabili
thé (au lait)	tea (esnearekin)	**V**	
thé (citron)	tea (limoiarekin)	vague	uhin, olatu
		valise	balixa, maleta
théâtre (art)	antzerki		
théâtre (lieu)	antzoki	veau	txahal, zekor
thermomètre	termometro		

vendre	saldu	vieux	zahar
venir	etorri	vin blanc	ardo zuri
venir au secours	sorotsi	vin rosé	ardo gorri
vent	haize	vin rouge	ardo beltz
ventre	sabel	violet	more
verre	baso, lente, ontzi	virage	bihurgune
		visage	aurpegi
verre de contact	ukipen-lente	vitrine	erakusleiho
verser	isuri	voici	hara
vérité	egia	voilier	belauntzi
vert	berde	voir	ikusi
vertèbre	orno	voiture	kotxe
vertige	zorabio	vol	hegaldi
vessie	gernu-mas-kuri	volontiers	gustora
		vomir	oka egin
veste	jaka	vouloir	nahi
viande	haragi	vrai	egia
vide	huts	vraiment	benetan
vidéo	bideo		
ville	hiri	**W**	
vieille ville (centre historique)	alde zahar	wagon	bidaiari-bagoi

Achevé d'imprimer par Corlet, Imprimeur, S.A. - 14110 Condé-sur-Noireau
N° d'édition : 3040 - N° d'Imprimeur : 140152 - Dépôt légal : août 2011
Imprimé en France